フェミニストってわけじゃないけど、どこか感じる違和感について

言葉にならないモヤモヤを1つ1つ「全部」整理してみた

パク・ウンジ 著
吉原育子 訳

ダイヤモンド社

I'M NOT A FEMINIST BUT.

by

Park, Eun-Ji

Japanese translation edition arranged with MaeKyung Publishing Inc.
through Eric Yang Agency Inc.

プロローグ――ネコに仕える物書き、または物を書くフェミニスト

先日、何人かの記者が集まる席で、ステッカーをもらった。本の出版の資金調達のために制作したというもので、そのうちの一つには「物を書くフェミニスト」という文字が目立つようにマルで囲まれていた。

帰宅して、そのステッカーをどこに貼ろうかと考えながら、ふと思った。私は自分のことを「物を書くフェミニスト」だと思ったことがあるだろうか、と。

人生と文章は同一線上にあることが多く、ときどき私も「物を書く」という修飾語をつけて自己紹介してきた。すばらしい文章でなくても、ただ文を書くだけなら誰にでも公平に許されていることだし、ずっと物を書いて生きてきたからだ。

私が書いてきたのは自分が属する二つの世界――「ネコとともに生きていく人生」と「女性としての人生」――についてだ。

ネコについて書くとき、私は誰はばかることなく「ネコに仕える物書き」と自分を

紹介してきた。いまでもSNSのプロフィールにはそう書いてある。ネコ3匹と暮らし、その小さな動物は、私の人生にちょこんと丸まって乗っかっている。「ネコとともに生きていく」というのは、自分のアイデンティティを最もよく表す言葉の一つだ。「ネコのしもべ」と自分を紹介するとき、私は道徳的で安全なテリトリーのなかにいる。私がネコのしもべであっても、ネコを飼っていない人や好きでない人たちに何か害を与えることはほとんどない。

ネコ好きの人たちとは仲間になるけれど、ネコが嫌いな人たちは、私がネコを飼っていることに関心を持たなければいいだけの話だ。その修飾語にはためらいなく責任を持つことができる。ネコを一生、できる限りしあわせに育てようという意志と覚悟が十分にあるからだ。

でも、自分のことを「物を書くフェミニスト」だと紹介したことはなかった。そんな資格があるのかということを抜きにしても、「フェミニスト」という言葉はなぜだか私を萎縮させる。そう言ったとたんに注がれる視線や質問に応じるだけの準備ができていなかった。自分の考えが正しいからと他人を説得し、相手を変えようとすることも苦手だ。

私は他人と意見が異なるときは、口を閉ざしていたいタイプだ。どうしても合わなければ、その人と少し距離を置けばすむ話だ。自分こそが正しいと言い張ってほかの人を不快な気分にさせたくはない。

4年ほどベジタリアンだったことがあるのだが、フェミニズムは私にとってそれと似たようなものだった。自分の食習慣にこだわるいっぽうで、他人と食事する席ではそのことを表に出さないよう気をつけてきた。「相手にとって当然のことが私にとってはそうではない」と知らせることで、よけいな罪悪感や居心地の悪さを覚えさせることはないと思ったからだ。

どこか感じる「違和感」について

私はどちらかといえば、人に注目されるより一人でいるほうが好きな人間だ。価値観ははっきりしているけれど、いざそれについての発言権が与えられても、思うことがありすぎてうまく話せなくなる。飲み会も、どうせだったら二人きり、多くても三人くらいで飲むのがちょうどいい。

つまり、私は社会的な議論や世論に強い関心を持っている人間ではまったくない。それなのに「フェミニスト」という修飾語がついてしまうと、どういうわけか何か主張したり、行動したり、葛藤したりしなければならないような立場に置かれてしまう、そんな気になるのだ。

私はフェミニズムのような、ちょっと大げさにも見える理論ではなくて、取るに足らない自分の日常や愛に関心があった。

そして、それなりに恋愛を経験して、一生をともにしてもいいと思える人と結婚した。

ところが、お互い生きてきた世界が違うということに、ほどなく気づくことになる。夫にはしょっちゅう「それがどうしたっていうの?」と言われた。

私は「なんでそんなこともわからないの?」とわなわなしながら訊き返した。女同士だったら「ほら、あのさ」と言えばみんな深く共感してくれる話や状況なのに、なぜ夫はまったく感知できないのか理解に苦しんだ。

夫は夫で私が大げさだと思っていた。自分たちでもどうしてケンカになるのか、ときどきわからなくなった。それぞれ生きてきた世界がどれだけ違って、その二つがぶつかったときにどんなに相手を傷つけるか、わからなかったのだ。

夫にとって私は、既存の社会通念に納得しない、面倒な人間だった。でも、私は女性であるがゆえに受ける不当な扱い、問題意識すらなく行われてきた女性への抑圧が気になってしまう。

「妻」として「嫁」として生きることを拒み、あたりまえのように使われる差別的な慣用句をいちいち指摘した。

夫にしてみれば、私は大げさで扱いにくい人、ただ不満を抱くにとどまらず、まわりの環境を無視したり変えようとしたりする人に映ったのだろう。

「君はフェミニストなの？」

そうはっきり訊かれなくても、もめるたびに、私のことを大げさだと感じ、驚き、どこか心配してさえいるのがわかった。

意見が衝突したら、よくそうしてきたように、私は口をつぐむこともできた。だけど、それは異なる意見から自分をしっかり守れるときの話だと、まもなく気づいた。

女性であることで直面する居心地の悪さや不当さ、ときに危険なことについて話すと、逆に世の中から抑え込まれ、攻撃されそうになることがある。

そのうえ、いちばん身近な自分の味方だと思っていた配偶者にまで、自分のつらさを何でもないことのように受け止められると、もうおしまいだと感じてしまうのだ。

平凡でかけがえのない人生のために

冷静になって考えてみると、夫もこの社会で生きる普通の男の一人だった。夫にとってあたりまえの世界と私の世界がぶつかると、ときどき心がグサッと傷つき、苦しくなった。

私がじっと黙っていれば、夫は穏やかに生きていけるかもしれないが、言えずにため込んだ感情でこっちが壊れていってしまうのは明らかだった。

私は自分を守るため、ときには夫にとって都合の悪い話を切り出すしかなかった。

そのたびに、私と夫はあたかも韓国の女性代表対男性代表のようにぶつかりあった。

でも、そのときできた亀裂のおかげで、私たちは堅固だった相手の世界を少しずつ覗き見ることができるようになった。

相手が嫌がる役割を無理強いせずに、お互いに満足のいく人生を生きるために、カップルとして手をつないで歩いていくために、私たちにとってはフェミニズムが必要だった。

このぐらぐらするシーソーの上でバランスを取って生きていくためにも、フェミニズムのひとかけらを私の人生に引き入れないわけにはいかなかった。

つまり私がフェミニズムに関心を持ったのは、世の中を変えたり、闘ったりするためではなく、自分の平凡でかけがえのない日常のためだったのだ。

いま、社会でフェミニズムがどう定義されていようと、フェミニズムが目指すところは、男女がお互いの自由としあわせを損なうことなく、健全なかたちで一緒にいられるようにするということだと信じている。

それでもまだ、自分を「フェミニスト」と呼ぶには、いささか抵抗を感じる。

ほんの数年前まではなじみのうすかったその言葉には、近づきたい気持ちはあっても、一歩引いて眺めるにとどめておきたいという思いもなかなかぬぐいきれない。

それでも、ほんのわずかずつでも努力したい。指先に感じるネコの毛のやわらかい感触に安心しつつ、もういっぽうの手で一人静かにネームタグをつけてみることにする。ただ自由でしあわせになるための、フェミニストというネームタグを。

フェミニストってわけじゃないけど、どこか感じる違和感について

目次

プロローグ――ネコに仕える物書き、または物を書くフェミニスト……1
どこか感じる「違和感」について……3
平凡でかけがえのない人生のために……6

第1部
あなたと話してると、私は大げさな女になってしまう
――どこか言いにくい違和感について

「フェミニストってわけじゃないんだけど……」と言う理由
――あたりまえなのにとても口にしにくい言葉……24
勝手に「ランク付け」してくる人たち……25
「男はもっと大変なんだ」だって?……27
大変なら、変えたほうがいい……30
「優位」に立ちたいわけじゃない……32

配慮してやったら権利ばかり主張するですって？
――本当はそんなことしてくれなくていい 34
自分たちが脅かされない範囲での許可 36
配慮の必要がなくなるのがいちばん 37
制度への不満を転嫁している 39
普通に「平等なベース」になってほしい 42

その冗談、私は笑えない
――男同士の「共通言語」について 45
内輪受けの「結婚ジョーク」 46
古い価値観がしみついた話題 49
できるのは、見ないことだけ？ 52

男性が男性のためにつくった社会
――「逆差別」を叫ぶ人に見えていないこと 53
ｉＰｈｏｎｅのサイズは男性向け？ 55
「逆差別をなくせ」はおかしい 58

「女性上位時代」に、なぜ私は居心地が悪いのか？
──「理解ある夫」に感じる違和感 …… 60
ただフェアなことが「すばらしいこと」になってしまう …… 61
「いい夫」「いい妻」の合格点の格差 …… 63
「人種差別は終わった」と白人が言っても説得力がない …… 64
「ずっとましだ」は「もう十分」ではない …… 68
なんとなく使っている言葉
──言葉が思考パターンをつくってしまう …… 70
「女の浮気心」を示す特別な単語 …… 73
面倒で繊細だけれど必要なこと …… 75
おばさんと呼ばれるのがいやな理由
──「おばさんならこうする」という暗黙の了解 …… 77
年を取ること自体はすばらしいのに …… 78
「おばさんたちの集まり？」という冗談 …… 80
「呼び方」は態度に影響を与える …… 83

「女の敵は女」という思い込み
――それで「都合がよくなる」のは誰か？ 85
「それは僕がやるよ」とは言わない 86
男同士は義理人情、女同士は嫉妬の関係？ 89
「キム・ジヨン」はなぜ男を怒らせるのか？
――「気づかされる」ことを避けたい心理 90
アイドルが「読んだだけ」で嫌われる 94
「男のどこが恵まれているんだ？」という拒絶 96
「罪悪感のなかったこと」を指摘されたくない 99
中絶について議論する人たち
――男たちのズレつづける話し合い 102
男性向け避妊薬が普及しない理由 103
中絶をなぜか「女性の問題」にする発想 105
「僕が責任を取るよ」で終わりと思ってる？ 107
なぜ「男性だけ」で女性の体の話をしているのか？ 109

人間の問題が「人口の問題」になっている ……111

第2部 私の彼は一般的な男の人
——なぜかなかなか通じないけど話したいこと

「痩せたみたいですね」って？
——「褒め言葉」が引っかかる ……114
「褒め言葉」でコルセットがきつくなる ……115
「したいオシャレ」の基準はどこから？ ……118
「する必要のない社会」で自由にオシャレしたい ……120
フェミニズムのせいで、別れることになったらどうしよう
——無意識の「女性嫌悪」に目を向ける ……122
「女性嫌悪だって？　いや、女は大好きだよ」 ……124
ジェンダーの話をしたい人への注意書き ……126
険悪になっても学び合えるか？ ……128

結婚は「自由をめざす闘い」ではない……130

「女はいいよな」と言う相手と会話する
――「通じない相手」にわかってもらうのは無理？……132
「ひどくない？」と聞いた直後に凍りつく……133
「スルー」しつづけても行き詰まる……135
話を避けるのは「解決できない」から？……137

「男は子ども」というフリーパス
――堂々と「包容力」を求めてこようとは……140
それでいいなら私のほうが子どもになりたい……142
寝ないことに罪悪感を持っていた……144

そんな責任、感じなくていいんだよ
――「役割分担」を一つひとつ考える……147
「責任取って」は冗談に聞こえない……150
「家でラクさせてやりたい」と言う男の妻はラクか？……152
古い価値観を一枚ずつはがしていく……156

フェミニズムに怒る人たち

――「もっとやさしく話す」なんてできません

――「もっとやさしく話す」なんてできません …… 158
「ミラーリング」で激怒する …… 161
その「正しいフェミニズム」ってどんなもの? …… 162
「男を一緒くたにするな」という言い分 …… 164

「好意」と「セクハラ」の違いもわからないんですか?

――ミートゥーを冗談にする意図

――ミートゥーを冗談にする意図 …… 166
「つまらないことで騒ぐなよ」という暗黙の警告 …… 168
冗談めかして、内心で認めている …… 170
誤解されそうなことをするから誤解される …… 172

文明社会の「ジャングル」のような部分

――男性には見えない世界

――男性には見えない世界 …… 174
物理的に「小さい」という事実 …… 176
弱者として生きるよりも「怖い」こと …… 178
男女の「あたりまえの世界」の違い …… 180
「沈黙」という二次加害 …… 182

私は「最近おかしくなった」人ではない
――ネコのしつけから政治まで 184
居心地が悪くても話すしかない 186
生き方も考え方も違ってあたりまえ 188
「不満がない」人は考えられない 190
フェミニストは「ごく普通の人」 192

第3部
ええ、私は大げさな女です
――ぶつかるのは大変ですが言うことにします

結婚にも「取捨選択」が必要だ
――結婚式は象徴的な「入口」 198
「バージンロード」が象徴するもの 200
真っ先になくすべき言葉 202

「家事は半々」が難しい
──家にもプロジェクト・マネジャーが必要か？ 203
自分で自分の面倒を見る 206
「褒めて動かす」役なんてしたくない 208
赤ちゃんは「超能力」では育てられない 211
本当はそんな「義務」はないのに
──この嫌な罪悪感の正体とは 213
「必要な変化」ならすぐに取り入れたい 215
敏感より鈍感のほうがたちが悪い 217
自分のなかの「義務感」との闘い 219
「いざこざ」が起こったっていい 221
話したら「罪悪感」が軽くなった 222
「私の夫」はそうじゃないはず
──地下鉄の男の会話と女の不安 224
「子を持つこと」についての男女の違い 226

夫はどこまで「格闘」してくれるだろう？ 228
「子どもがほしい」と言われたらしたい質問 231

「男は仕事、女は家事」でこんなに困る
――「家長は男」で決まり？ 232

「家事の責任者」は割に合わない 234
男性も権利を「剥奪」されている 238
問題は「経済力」ではない 239
平等になれば男もラクになる 241

夫はソファに直行し、妻はすぐさまキッチンへ
――夫の実家のキッチンで起こるせめぎ合い 243

キッチンに立った瞬間にくたくたになる 246
本音でぶつかるほうが家族に近づく 247
妻は「もう一人の母親」ではない 249

「名誉もないリーダー」になりたい人はいない
――夫の家のイベントを仕切るのは誰？ 251
「夫の親のイベント」を仕切るべきは私なのか？ 253
「新しい休日」に反対した本音 254
イライラしても「静観」しよう 257
いちばん結婚してはいけない相手？
――言うべき瞬間に「口を閉ざす」男 259
「自分のこと」と思ってほしい 261
給料を「100パーセント」もらえただけで感謝すべき？ 263
女は「便利な調整役」？ 267
問題は見えていなくても「存在」する 268
「理性の糸」が切れる音
――意味のわからない伝統と義父の言葉 270
義父からきた長文の返事 272
変化を平和に生むことは難しい 275

慣習を守らせる「最大の伏兵」
――親の愛情のかたち …… 277
いちばん身近な人の意見 …… 279
「夫の人生に編入される」という考え方 …… 281
父にとっての「最終ミッション」 …… 283

親になるなら、こんな親になりたい
――子どもたちに何を伝えるべきか? …… 284
洋画の字幕もなぜか女は敬語 …… 286
大人たちにできること …… 288

エピローグ――他人のすべてを理解できるわけではないけれど …… 291
「相手の立場」に立って世界を見てみる …… 293
理解し合うための手段 …… 295
訳者あとがき …… 299

〔編集部注〕

・〔　〕内の小さな文字は、訳者による注記を示した。

第1部

あなたと話してると、私は大げさな女になってしまう

―― どこか言いにくい違和感について

「フェミニストってわけじゃないんだけど……」と言う理由

――あたりまえなのにとても口にしにくい言葉

二十歳《はたち》で初めてコーヒーを飲みはじめた私は、コーヒーの味なんかはまったくわからなかったけれど、友だちと会うときはよく選り好みして、いろんなカフェに通ったものだ。おいしいコーヒーを飲むためというより、店の雰囲気が好みだったり、長居しておしゃべりしても気にならないカフェに行きたかった。

コーヒー代は安ければありがたいけれど、かといって高めのコーヒーが贅沢《ぜいたく》すぎるとも思わなかった。大人になって、お金も稼ぎはじめたし、自分のために4000ウォン〔約380円〕くらい出すことはできたからだ。

コーヒー専門店でコーヒーを飲む人が、必ずしも高級ブランド志向だったり、豆にこだわりがあったりするわけではない。コーヒーの味はわからなくても、雰囲気がいいから、たんに人目を気にせず休憩できる場所が必要だから、お気に入りのメニューがあるからなど、それぞれの理由でお店を選ぶ。

自分のお金で高いコーヒーを飲む人をどうして非難するのか疑問だけれど、当時、そういう人たちを非難する「味噌女」〔高級ブランド志向の見栄っ張りな女性〕とか「キムチ女」〔何でも男性にやってもらうのが当然と思っている女性〕なんて言葉が登場しはじめた。

恋人にブランド品をねだる女だけでなく、自分で稼いだお金でブランド品を選ぶ女性までもが、いつのまにか贅沢な人間というイメージでくくられるようになった。「キムチ女」という言い方は大流行して、男性目線で女性の価値を判断する一つの基準になった。それは通りすがりの女性に外見で点数をつけるのと変わらない下品な行為だと私は思っていた。

勝手に「ランク付け」してくる人たち

そのころ、スターバックスで高めのコーヒーをテイクアウトして歩いていると、日頃親しくしている男の先輩や同期たちが、怪訝《けげん》そうな、それでいて妙に納得したような表情で私に訊いてきたものだ。

「君もスタバに行くんだ?」

そう言うのは主に「君はキムチ女とは違うよね」と言っていた人たちだ。ブランド品を買うお金もなく、男の人からおごってもらおうという気もなく、男性の経済力より「人柄」を重視する女たちを、彼らは「キムチ女」の逆の意味の「概念女」(男性の立場を理解して思いやることができる、いわゆる古風な女性)と呼んだ。

そんな言い回しを聞くと、そんなふうに女を一般化できるほど、数多くの女を知っているのかと思ったものだ。そもそも彼らの基準で勝手にランク付けされることが不愉快だった。

女性と付き合うにはまず経済力が第一だと考える一部の男性たちは、贅沢をする女たちを非難し、そうすることによって自ら被害者意識にとらわれているようだ。また女性の慎ましさを高く評価することで、お金の負担から逃れたがってもいるのでは。

そんな彼らは、自分たちだけが経済的な義務を背負うのは不合理だと感じながらも、「経済力は自分を認めてもらうためのバロメーター」だと考えているのではないだろうか。

当時、口を開くたびに「女たちときたら」と言い捨てる先輩がいて、自分は家も車もないから恋愛できないと口癖のように言っていた。

私は彼にいま必要なのは家や車じゃなくて、考え方を変えることだと言ってやりたかった。でも、「君もスタバに行くんだ?」などと顔をしかめるような人に、わざわざアドバイスするのはやめておいた。

私の経済観念を勝手に品定めする彼らの視線は不快だった。そんな相手とは、一緒に食事をしても、むしろこっちが多く払いたくなる。それは私が「概念女」だからではなく、それ以上その人と関わりたくないからだ。

でも、おおっぴらに広まった世間の物差しから自由になるのは難しい。「味噌女」や「キムチ女」と思われないためには、身を縮こまらせるしかなかった。

私と何の関係もない通りすがりの相手であっても、その一言だけで、いともたやすく私を評価し、非難することができるのだから。

「男はもっと大変なんだ」だって?

ノーブラやショートカット、ノーメイクが「フェミニスト」だという妙な基準ができている。そして「フェミニスト」に対するまわりの目はあまり好意的じゃない。

私は髪は伸ばしているけれど、メイクはあまりせず、ブラをしなくなって数年たつ。でも、そんなことだけで私をフェミニストだのそうでないだのなんて決めつけられたくはない。

人の考えや価値観、一種の「思想」を一言で定義するのは難しい。私にしたって、たとえば「思想を語れ」と言われても、じつはフェミニズムの何たるかすら知らないし、全体像をまとめられるとは思えない。

だからフェミニズムの必要性を感じている人でも、「私、フェミニストってわけじゃないんだけど」とまず前置きしてから慎重に切り出すことが多いように思う。「フェミニスト」と言った瞬間、ご大層な社会運動をやる人みたいに思われそうだし、みんなを納得させるだけの答えを示さなくてはならなそうだし、それに……怖いからだ。フェミニストに向けられるありとあらゆる激しい攻撃を真っ向から受け止めることが。

「自分はフェミニストだ」と言いにくいさらなる理由は、「これ、何かちょっとおかしくない？」などと言おうものなら、すぐに「でも自分はべつにWOMAD《ウォマード》〔「極端な女性優越主義」を唱えるサイト〕でも、ミサンドリー〔男性嫌悪〕でもないし」といったことを証明しないといけない立場に置かれるからだ。

つまり、日常生活のなかで自分を守るためにも、自分はフェミニストだとは口にしにくいのだ。フェミニストと自称したとたん、「大げさで面倒な人」にされてしまう。最近では学校や職場でもフェミニストだと言うと、なんらかの不利益につながることがあるようだ。

「味噌女」や「キムチ女」という言葉は、女性たちは認めた覚えもないのに、男性向けのオンラインコミュニティを賑わし、ニュースにまで登場するようになったいっぽうで、女性たちに認められているのは、もっぱら男性を不快にさせない範囲での「感じのいいフェミニズム」だけだ。

それはフェミニズムが根本的に危険でよくない思想だから？

でも少なくとも私が知る限りでは、フェミニズムは「女性のための世の中を、女性によってつくろう」なんて話ではない。「性差によって与えられる義務や期待から自由になろう」という考え方で、女性のみならず男性の問題も同じようにとらえたものだ。

「大変なのは女だけじゃない。男はもっと大変なんだ！」というふうに、どっちのほうが大変かを問題にするのではなく、性別によって定められた苦しい部分に共感し、話し合い、目線を変えてみようという考え方だ。

大変なら、変えたほうがいい

ところが、これまで世の中から突きつけられてきた勝手な基準に合わせて自己検閲してきた女性たちが、「もう世間から強要されるコルセット〔女性を束縛するものの象徴〕から抜け出したい」と主張すると、駄々をこねて権利だけを手にしようとしているかのような言われ方をされてしまう。

自分のために自由にお金を使っているだけで「キムチ女」と呼ばれたのは一昔前で、いまは男性と平等の権利と安全を主張するだけで、WOMADなどと非難がましく呼ばれるようになった。

多くの男性がフェミニズムを「女たちが義務を放り出して権利だけ手に入れようと

している」という意味に理解している。「そのせいで男は被害を受けている」として、女性上位の時代だなどと主張する。

現実を正しく認識しようというだけなのに、女性たちが声を上げはじめると、「男だって我慢してきたんだ！」などと恩に着せるような勢いだ。「男性の人権向上が必要だ」と感じるからといって、女性の人権向上を妨害したってしょうがない。

多くの女性が「キムチ女」や「フェミニスト」と思われないように、むやみにフェミニズムを口にしないいっぽうで、男たちはいまだに無神経だ。社会全体が「男性目線で女性を品定めしている」ような雰囲気だと感じるのは、私が敏感すぎるのだろうか。

男性にも性役割による苦しみがあることはわかっている。

でも女性が経験してきた不平等を男性側のつらさで覆い隠しても意味がない。

むしろ女性の言う不平等を根本的に見つめ直して、女性を「美しい花」や「良妻賢母」ではなく、同じ一人の人間として見ることで、男性の問題を解決できることも多いのではないだろうか。フェミニズムは女性だけのものではないのだ。

「どちらの性がより優れていて、どちらがより劣った考え方をしているか」なんてことを言い争う必要があるのだろうか。

いまのジェンダー意識と価値観にどこか問題があると感じるのなら、それをよりよい方向に変えていこうと語ればいいだけの話だ。

他人の人生を理解しようとするのではなく、むしろ「自分の大変さを他人にも経験させてやろう」などと考える人たちが、さらに世の中をめちゃくちゃにしているような気がする。

「優位」に立ちたいわけじゃない

すべての男性が「女性嫌悪《ミソジニー》」なわけではないように、フェミニズムを考えるすべての女性も急進的な女性優越主義なわけじゃない。

女性はフェミニズムの必要性を漠然と感じてもいいし、もう少し深く学びたいと思ってもいい。フェミニストと自称してもいいし、まわりを変えるために行動したってていい。そのあらゆる行動のなかから自由に選ぶ権利がある。

一部の男性は、女性がフェミニズムに関心を持つのを煙たく思って、「感じのいいフェミニズム」だけを望んでいる。そんな男たちは、女性が「真の変化」を求めているなどとは考えたこともないようだ。一部の過激な思想が全体を代弁していると思い込むのも、結局は何も変えたくない人たちの自己防衛にすぎない。

もし初対面の男性が「自分はフェミニストだ」と言ってきたら、私は、その人は自分が経験できることだけでなく、ほかの立場の人の苦しさも理解しようと努力している人だと思う。女性優位を証明するための社会運動家だなどとは思わない。

フェミニズムが女性の権利だけを主張するアンバランスな思想であるかのようにとらえられるなかで、多くの女性が発言の機会すら失っている。

でも誰もが満足するような答えがすぐに見つからないからといって、話題にすることまでやめる必要はない。「みんなで苦しくなる」のではなく、「みんなでよくなる」方向に進んでいけばいい。

「フェミニストってわけじゃないんだけど」という言葉は、少しだけ自分を守ってくれるかもしれない。

でも本当は、フェミニズムは何かを滅ぼそうというような過激な思想では決してない。むしろフェミニストという単語に否定的な意味を込めて、フェミニストになるのを恐れる雰囲気をつくりだすことで、私たちは何も変わらない世の中で、堂々巡りを繰り返してしまっているのかもしれない。

配慮してやったら権利ばかり主張するですって？

――本当はそんなことしてくれなくていい

ワンルームで独り暮らしをしていたときは、備えつけのドラム式洗濯機を使っていた。それが結婚してからは巨大なタテ型洗濯機になった。

家の構造上、洗濯機は床よりやや高めに設置してあって、思いきり爪先立ちしないと、洗濯機の底のほうにある靴下を指でつまみ出すことができない。洗濯物を取り出そうとして上半身を洗濯機に突っ込んだという友だちもいた。

小柄なお母さんたちはどうやって洗濯機を使ってきたんだろう？　背が届かないよ

と私が言うと、夫は快く洗濯担当を引き受けてくれた。

夫は、私が普段あまり気づかない携帯のバッテリー切れに注意して充電してくれる。私は、夫が食べていった朝食の後片づけをする。夫は重たいネコの砂を捨ててくれるし、私は時間を見てネコに薬を飲ませ、目やにをとってやる。どちらもベッドから出たくないのに喉《のど》が渇いているときは、目配せし合うのではなく、疲れていないほうがベッドから抜け出して水を持ってくる。

実際のところ、相手がいなければできないということはない。結婚していようといまいと、どっちみち家のことはしなくてはならない。でもそこに愛情があると、二人でいるのだから、ラクにやれるほうが代わりにやってあげたり、面倒でなければ二人分やったりする。

ドラマでもこんなセリフがなかったっけ。自分でできることをあえてやってもらうのが愛だ、って。

そんな思いやりはいつだってうれしい。男だから料理しないとか、女だから重たい物は持たないというのではなく、ちょっと得意なことをお互いが相手のためにやってあげるのだ。

自分たちが脅かされない範囲での許可

フェミニズムについての論争が深まっていくなかで、いままで男性が女性にしてきた配慮、一種の「マナー」をやめてやるという脅しをよく目にする。女性は義務を共有しないくせに、恩恵だけ受けているからだという。

電球を取り替えてもらい、席を譲ってもらい、重たい物を持ってもらい、家まで送ってもらって、それこそ不平等じゃないかというわけだ。女性を狙った犯罪防止用に設けられた女性専用車両は、いつのまにか逆差別の象徴になってしまった。

もちろん、配慮してもらえることはありがたい。

デートのときの、好意や愛情のこもった配慮からは相手の気持ちが伝わってくる。でも、愛情が前提にない場合は、女性は必ずしもそんな配慮や特別待遇を求めてはいない。

そもそも女性は身体的に弱者であるのみならず、社会的にも男性より稼げず、重要な仕事を任せてもらえてこなかった。男性より優秀であってはいけなかった。男性優位社会では、フェアな競争をして役割分担をするということにはならなかった。男性は強者の余裕を示す意味で、女性に配慮し、守るべき対象だからこそ特別待遇をしてきたのだ。

しかも、その範囲はあくまでも自分たちの許容範囲内に限られ、本質的な部分に迫ると「ここからは男たちの世界」だと締め出してしまう。

会社などの組織では、いまだに「だから女は採らない」といった「職場は男のエリア」という言い分がまかり通っている。だいたい「女性社員」などという言葉自体、「ここは男の世界だけど、例外的に女が入っている」という前提がないだろうか。

配慮の必要がなくなるのがいちばん

女性は何でもやってもらうだけで義務を果たそうとしない、と言う男性諸君に訊いてみたい。「なんで男のほうがデート代を多く負担しなくちゃいけないんだ」と言うけれど、働く女性のガラスの天井〔企業などで女性の昇進を阻む、可視化されにくい障壁〕

を黙認してはいないだろうか。

職場の女性を外見で品定めしてランク付けし、にっこりほほえんでだけいてほしいと思ってはいないだろうか。

妊娠した女性社員が追われるように会社を辞めるとき、その親切心を発揮してあげたことがあるだろうか。対等に競争するため、女性の制約をなくそうと関心を向けたことがあるだろうか。


職場で重要な仕事や体力的にきつい仕事をしないかわりに、笑顔を絶やさず、気配りをして働き、子どものために残業せずに帰るほうがラクそうに見えるかもしれない。

でも、私はその「ラク」な役割は希望しない。

従順なレディとして騎士《ナイト》に守られ、ほっとできる場所を提供するのではなく、自分で馬を駆り、疲れたら同志として励まし合いたい。

女性を同等に見るなら、そんな役割分担の必要はない。

男だからとデート代を多く出し、女性を守り、責任を取ってくれなくてもいいから、とりわけ職場では、男性と同じように働き、社会的な役目を同等に果たす機会を与えてほしい。

ジェンダー平等の世の中になれば、私が物理的な限界にぶちあたることもだんだん減っていくだろう。日常生活では、生きていくのに必要なこと、料理や洗濯、掃除くらいは、男の人も自分でできなくてはならないだろう。

女性の人権が向上し、同一の労働で同一の賃金をもらえる世の中だったら、そもそもデート代の負担が不公平になることもなかった。

女性が安全に暮らせる世の中になれば、わざわざ家まで送りとどけてもらう必要だってない。

「女性一人で夜道を歩くのはキケン」となぜ思われるようになったのか。女性が容易に犯罪に巻き込まれない社会になれば、男性が強者として女性にしていた配慮も、自然と減っていくはずだ。男女平等はお互いにとっていいことずくめというわけだ。

制度への不満を転嫁している

女性のほうが得をしているという考え方のいちばんの根拠は、やはり兵役の問題だろう〔男性は満20～28歳の誕生日までに入隊する。服務期間は配属先によって18～36カ月。大学を休学して入隊することが多いため、女性よりも数年遅れて卒業し、社会に出ることになる〕。

そのため、フェミニズムはどうして女性に有利な平等ばかり主張するのか、女も兵役に就くべきだ、という主張が多くの男性に支持されている。

では、もし女性も兵役に就くことになったら、それ以外の部分のジェンダーの平等も実現されるのだろうか。それとも単純に兵役は無意味な時間だから、女性も同等の不利益をこうむってほしいということだろうか。

男性は国民として兵役の義務を負う。惜しい時間であり大変な時間であることに反論する気は毛頭ないが、一国民としてそう感じたのであれば、制度そのものをじっくり見直す必要があるのではないか。

もちろん男性の立場からすれば、女性は特権を持っていると感じざるをえないだろう。であれば、特権を持った女性を非難するのではなく、特権を与えている制度や、制度がつくられた要因を見直すべきではないか。

分断国家として兵役を廃止できないのであれば、徴兵制について指摘すべき部分を洗い出し、改善しようとするのが筋だ。それなのに兵役の不満が制度ではなく女性に向けられるという、とんでもないことになっている。

自分たちの人権を守るために、あるいは兵役の問題を解決するために、一致団結して努力するのではなく、会社でのうっぷんを家で晴らすように、ただ不満をぶつける対象を探している。

軍内部の改善すべき問題は、兵役を終えた男性が関心を持って声を上げればいいのに、除隊するとそれ以上関心を払わない。それどころか、「最近は兵役がラクになった」と舌打ちしたり、二等兵だった人をバカにしたりする。

「どうせ変わらないよ」というあきらめ、「自分だけつらい目に遭うのはごめんだ」という意地、「もう関係ないよ」という無関心が入り混じって、軍隊は変わらない。

そして、兵役を経験した男たちは社会に出ると「女は兵役に行っていないから、社会生活もムリ」と、それとなく自分たちを優位に立たせる。

実際、軍隊の経験は20代の男性には明らかに不利なことだが、兵役を終えた30代男性にとっては有利に働くことが多い。彼らの言うとおり、韓国の職場文化は、兵役を経験した男性が軍隊の文化をそのまま持ち込んでつくられたものだからだ。

もし男性が不公平に扱われていると感じるのであれば、あるいは徴兵制に問題があって変化を求めるのであれば、女性も自分の息子、弟、恋人のためにともに闘おうとするだろう。でも、これといって闘う意志すらない一部の男性にとって、女性は軍隊の不満のはけ口でしかない。

いますぐ女たちが軍隊に行けば、女性の人権問題がすべて解決されるのだろうか。

いや、一歩も前進しないだろう。

いまの韓国社会は男女の身体的差異を理解する準備すらできていないからだ。平等な社会の合理的なシステムのもとであれば、女性も軍隊に行ける。でもいまの仕組みのまま女性が軍隊に行ったところで、平等な社会になるわけではないだろう。

普通に「平等なベース」になってほしい

「フェミニズムは、どうして女の話ばかりするの？」

フェミニズムはなぜ男性の人権拡大には関心がなく、ひたすら女性の人権だけを向上させようとするのかとよく言われる。女性の特権だけを選りすぐって維持し、改善しようというものではないか、というわけだ。「フェミニズム」という言葉に拒否反応を示していた夫とも、こんな話をしたことがある。

「フェミニズムは女たちに不利なことしか話さないだろう？　男にだって大変なことがあるのに」

「あなたは会社で社長に不満を言うとき、社長の大変さを察してあげてから言ってるの？」

フェミニズムによって社会に変化が表れるようになると、男性はこれまで女性に配慮してきた部分についての平等を主張しはじめた。女性は抑圧されてきた自由と、不平等について語っているというのに。まずは男性が抱える問題を解決してから、そのあとでその話を聞くかどうか決めよう、という態度はあんまりだ。

フェミニズムは女性のためのものと受け止めている男性は、自分たちが受けてきた特権については議論したがらない。ただ「君たちにこれまで施《ほどこ》してきた好意はこれ以上施さない」と、とにかく配慮（だと考える部分）を引っ込めることばかりにこだわっている。

たとえば「家事や嫁のつとめがイヤなら、女も自分で家を買え」といったコメントは数えきれないほど見かけるが、「男も家事や育児をして、妻の実家にもときどき電話して、名節《ミョンジョル》〔旧正月や旧暦8月15日などに主に家族で祝う伝統行事〕のごちそうの準備もするから、女も当直勤務をして、稼いで、家を買え」と言うのは一度も聞いたことがない。

多くの男性は、これまで譲歩してきたことにばかりこだわって、どちらかに偏《かたよ》っている仕組みそのものを根本的に正すことには関心がない。でもいまのシステムのまま、こっちの壁のレンガを外して、そっちの隙間にはめ込むといったやり方では、社会という建物は頑丈な構造にはならない。

男性と同等の存在として女性がともに生きていくシステムをつくるには、誰かが誰かのものを奪っていくという考え方ではなく、これまで当然のこととして感じてきた概念やベースを、また一からつくっていくやり方を探るべきだ。

いったいどれが権利で配慮なのか、それは望んで得たものなのか、望んでもいないのに与えられているものなのか、次の段階に移る前に、一度考えてみる必要があるのではないだろうか。

その冗談、私は笑えない
――男同士の「共通言語」について

夫がずいぶん酔っ払って会社の飲み会から帰ってきた。

夫婦ともに飲む機会が多いので、相手が飲むことに関してはとくに口出ししない。あえて言うなら「吐いちゃダメ」くらいだ。

飲むと口数が多くなる夫は、酒の席がなかなか楽しかったのか、いままで記憶に残っている笑い話をぺらぺらしゃべりはじめた。

忘年会だったか新年会だったかで、新しく加わったメンバーが自己紹介したという。どうやらそのうちの一人が「○○部の○○です。結婚○年目で……家には遅く帰りたいです」と機転を利かせて挨拶《あいさつ》したようだった。それは残業OKのメッセージというより「妻がいるから、遅く帰宅するほどよい」という意味だったらしい。

男のほうが圧倒的に多い席で、一座はどっと笑いに包まれたとか。それって面白いの？　私は夫の笑いのセンスに疑問を感じた。

それ以前から夫には何度か伝えていた。既婚の男性に「結婚生活はどう？　楽しいでしょう？」と訊くと、「ハハハ、ええ、とても楽しいですよ。とってもしあわせです」としらじらしさを装った答えが返ってくるのがとてもイヤだと。

それが既婚者のあいだで通じる「妻には逆らえないんで」とほのめかす冗談だということは知っている。それでも、その場にいる男性既婚者全員が「その気持ち、わかるわかる」と意味深な表情で笑うのを見たくなかった。それってそんなにおかしいわけ？

内輪受けの「結婚ジョーク」

この笑えない冗談は、特定の少数グループが共有しているのではなく、社会全般で通じるものだ。まるで10代の若者が自分たちの世界だけで通用する言葉をつくって考え方を共有するように、「韓国の既婚男性」たちは、突然「格子なき牢獄」にでも入ったかのような我が身を、面白おかしく風刺する。

テレビで既婚男性に共有されているその笑いのコードが、私には気に入らない。

結婚を控えた男性に「いまからでもよーく考えたほうがいいぞ」とアドバイスしたり、既婚男性に「またまた、しあわせだって？　やつれてるじゃないか」と内輪でケラケラ笑ったり。その冗談が面白いと思う社会のほうがおかしいのでは、と毎回思いながら、私はチャンネルを替える。

結婚生活のかたちはずいぶんと多様化している。それなのにそういったジョークを言う人たちの頭のなかの「結婚生活」は、一昔前のドラマのままだ。

わずかな給料を家に入れる家長、給料が少ないとグチるがめつい妻、何も知らずにわがままを言う聞き分けのない子どもたち。そんな典型から抜け出せていない。

結婚生活は自分でつくっていくもので、不満なら家庭内で変えていけばいいものを、なにも「オレの結婚生活はたいしたことないぞ」と、世間に向けて公表する必要はないと思うのだが。

自分の結婚生活を「小言が多い妻とお金を稼ぐだけの気の毒な夫」の典型的なパターンにしてしまったら、ただ寂しいだけの家長になるという前轍《ぜんてつ》をそのまま踏んでしまうことにならないだろうか。そんな心配が彼らにはないのだろうか、それともそんな人生をすでに受け入れているのだろうか。

外国人の男性は妻のことをよく「愛する女性」と呼ぶけれど、韓国でそんなふうに言う夫がいたら、「なんだ、アイツ」という視線を向けられるだろう。

でも、結婚生活の情けなさを笑いのタネにするよりは「それはごちそうさま。おしあわせに」とでも言われるほうがずっとましだと思うのだが、それは私が既婚男性の苦悩を知らないからだろうか。

古い価値観がしみついた話題

先日、住んでいる賃貸マンションの住人の集まりがあった。新婚夫婦向けのマンションなので、私たちを含めてほとんどが夫婦同伴だったが、一人で参加した人も何人かいた。どんな集まりでも見かける、雰囲気を盛り上げてくれる人たちがひときわ目についた。

そのうちのある男性が、「妻からお金を預かってきたが、今日の会費のほうが安ければ残りをこっそり懐に入れられる」という類いの冗談を口にした。それに対して夫は「そうか、僕も一人で来るべきでしたね」と相槌《あいづち》を打ったのだ。

理解に苦しむやりとりだった。我が家は二人の収入を一緒にして、用途別に仕分けして管理している。お金の使い道を決め、固定費、生活費、貯金、予備費などに分ける作業は主に私がやるが、お小遣いは二人同額に決めて使っている。つまり相手からお小遣いをもらうかたちではない。

しかも、とくに熱心に貯金しているわけではないので、お金が残ってさえいれば必要なときはいつでも好きに使える。だから夫は真実、あるいは本音を言ったわけではなかった。ただ調子を合わせただけなのだ。

だけどその瞬間、私はちょっぴり傷ついた。その1、2秒のわずかな瞬間、私は夫にとって不要なもの、邪魔なもので、自由を奪う存在になっていた。

お開きになってから、私は夫の発言が不適切だったと指摘した。

夫は何が問題なのかすぐには理解してくれなかった。わかるようでわからないという感じだった。

「ただ笑わせようと思って言っただけだよ。ほんとにそう思ってるわけじゃないよ」

その答えにさらに怒りが込み上げた。

どうして実際にありもしない束縛を笑い話にするのか。そんな冗談を言い合う男たちは、妻の立場を少しでも、ほんのわずかでも考えないのだろうか。

夫が芸能人でなくてさいわいだった。芸能人がテレビでそんな冗談を言うたびに「観ている妻はどう思ってるんだろう」と気になっていたからだ。

そして、その瞬間、だったらいっそのことお財布を分けたほうがいいんじゃないかという気がした。そうすれば少なくとも「小遣い制だから、こっそりとへそくりを貯めるのが楽しみ」なんて冗談は言えなくなるんじゃない？　それでも「妻が怖い」というような冗談は、まだ言えるだろうけど。

本当は妻を愛していても、べつに愛しているわけじゃないという前提で話すほうが、男の世界では「クール」に見えるのだろうか。

夫はその冗談が、場を盛り上げて親しくなれる手っ取り早い方法だと思ったのだろう。その場にいた男性全員が確実に笑ってくれる話題がそれ以外なかったし、多くの既婚男性がそんな冗談を言うことに同意しているからだ。

できるのは、見ないことだけ？

みんなそれぞれ、家ではいい夫なのだと思う。ところが集団になると違ってくるのか、「妻は自分の自由意志を縛る存在ではない」とか、「互いに同等の影響力を持っている」とか、「妻を笑いの種にせず尊重しよう」などと発言して、わざわざ場の雰囲気を気まずくする人はいない。

そこまでは期待していない。私自身、闘うつもりもないし、彼らの冗談をむしろ傍観したいと思っている。それは無言の同意になるだろうけれど、少なくともそこに加わってはいない。それにしても、妻だって一人の人間だと認めていれば、人前で配偶者をこき下ろすような冗談をためらいもなく言ったりしないと思うのだが。

夫はその後、その類いの冗談が不適切なのはわかった、悪かったと謝ってくれた。でも、おそらくこれからも社会で似たような状況に遭遇するだろうし、付き合いで誰かの言葉に同調しなければならないこともあるだろう。

私ができることは……社会にいる夫を見ないこと、家庭での夫が「本当の彼」だと思うこと、そうやって現実から目をそむけることくらいしかないのかもしれない。

そんな状況が続けば、結婚がある種のあきらめだというのは、もはや冗談ではなくなるだろう。言葉にしたとおりに人は考えるようになるからだ。他人を笑わせようと、いちばん身近なパートナーを笑い者にするその冗談、そろそろやめにすべきときなのでは。

男性が男性のためにつくった社会

――「逆差別」を叫ぶ人に見えていないこと

数年前、通勤中の地下鉄で、大きく貼り出された広告を穴が開くほど見つめていたことがある。「もう私には生理休暇は必要ない!」というキャッチコピーの、女性が足を投げ出した写真のポスターだった。

はっきりとは覚えていないが、おそらく鎮痛剤の広告だったと思う。あの薬一つで生理の痛みやつらさがすっきり解消されるなら、最高の革命だ。生理休暇もいらなくなるほど生理の問題を解決してくれるなら、おそらくその会社は広告を打つ必要すらないだろう。

生理痛は人によって程度も違い、痛み止めを飲まなくていい人もいれば、数錠では効かない人もいる。生理がいちばん重い日は、学校の椅子や職場の廊下でしゃがみ込んで泣いていた私としては、その広告を穏やかな気持ちで見つめることはできなかった。その広告のせいで、男性の上司たちが「生理痛？　薬を飲めばいいだろう」と軽く見るかもしれないと思ったからだ。

いまは20代のときより生理痛も少しはラクになったが、下腹部の重い鈍痛は相変わらず一日中続くし、個人的には生理痛そのものより、無力感やPMS（月経前症候群）のほうが毎回つらい。

それでも生理休暇を取ることは、一般的にあまりよく思われていない。悪用するケースがあるのはもちろん問題だけれど、女として生まれたら、生理の問題は福利厚生になど頼らずに自分でなんとかしなければいけないのだろうか。

なぜ生理のつらさは「人目を気にして、配慮してもらわなければ」いけなくて、それすらできない新入社員は「平気なフリをして隠す」ものじゃないといけないのだろう。人類の半分、女性のほとんどが経験することなのに。

社会では、生理の女性はつねに弱者として、例外的なものとして「配慮」される。生理休暇が最善の解決策ではないかもしれないが、男女の身体差に関する福利厚生として、例外ではなく当然のこととして議論してほしい。

会食や接待でコンパニオン付きのカラオケに行くことは、「もともとみんなそうしているから」という男性側の基準であっさり黙認されるのに、自分では選ぶこともできない生理については、「だから女は……」という不満要素になっている。

もし最初から女性が社会の主軸で、家の仕事ではなく、外に出て働くのが女性の役目だったら、どうなっていただろう。もし政策決定者の大半が生理になるとしたら、もし腰がちぎれそうに痛くて日常生活もままならない人がつねに目の前にいる環境だったとしたら、どうなっていただろうか。

ｉＰｈｏｎｅのサイズは男性向け？

以前、ｉＰｈｏｎｅのサイズが男性の手の大きさに合わせてできているということが話題になった。本当なのかと首を傾げたけれど、いっぽうではこんなふうにも思った。

もし社会で働く人の多くが女性で、アップルの女性メンバーの割合がずっと高かったら、自然と女性の手のサイズを基準にしたデザインが生まれたのではないか。

考えてみれば、社会の重要ポストは男性が大部分を占めているし、女性の身体的な特徴、生理、妊娠、出産などについては、ようやく法的に整備されはじめたところで、基本的にはまだ整っていない。

もし女性中心の社会だったら、当然、生理や妊娠に関する規則ははじめから整備されていたはずだ。そうでないということは、それだけいまは男性が基準の男社会ということだ。

親や祖父母の世代よりは女性の人権が向上したことを理由に、「もはや女性は社会の弱者ではない」と見る人もいる。

とくに20代の男性は、学業や就職面で女性上位の時期を経験しているため、「いまの時代に何が差別だ、逆差別のほうがはなはだしい」と考えたりする。さらにまだ経験したわけでもないのに「男は金を稼ぐ機械、年を取ったらＡＴＭ」などと、悔しさを上乗せして逆差別の訴えを完成させる。

理解できる側面もある。１９７７年生まれの作家、チママンダ・ンゴズィ・アディーチェの著書『男も女もみんなフェミニストでなきゃ』（くぼたのぞみ訳、河出書房新社）には、まるでかつての人種差別にも似た、ひどい男女差別の事例がいくつも出てくる。駐車スペースにカップルの車を誘導してくれた若者が、女性がチップを渡したのに、男性にお礼を言うという例もあった。

女性の社会進出が増えたいま、たしかにこれは私が経験する類いの差別ではない。結婚後は外出できず、「婚家に骨を埋める覚悟で」と言われた時代に比べれば、ずいぶんとましになった。

でも、相変わらず男性が基準の社会で、当時と同じような差別、あるいは時代の変化でかたちを変えた差別や嫌悪が存在するのも厳然たる事実だ。

同じように教育を受け、同じように社会に出る20代のころは、男性が兵役に行くため、女性のほうが一歩先を行く条件が整っているように見えるが、結婚、出産によって、社会から姿を消す時期が女性には何度も訪れる。20代後半から30代はじめには男女の給与の差は感じないが、性別による賃金格差は年齢が上がるほどますます顕著になる。

２０１０年の年齢別統計調査を見ると、ＯＥＣＤ加盟国のうち20代男女の賃金格差は韓国は9位と中位圏内だが、40代以上では1位になっている。

結婚、出産を経験した女性が、その後は社会進出できなかったり、仕事に就けても重要な仕事は任せてもらえなかったり、ガラスの天井にぶつかって、育児と両立できない業務からは外されたりする。そういった現実がこの数字に反映されている。

キャリアが中断されたのち再就職を目指しても、ほとんどの女性がもとの仕事には復帰できない。男性中心のオンラインコミュニティでは、「男女の賃金格差は女がラクな仕事ばかり選んだ結果」などとよく言われるが、そうとばかりは言えないのだ。

「逆差別をなくせ」はおかしい

これくらいなら十分平等な社会だから、もはや女性のための機関は必要ないとばかりに、総女学生会〔学校の全女子学生をメンバーとする自治団体〕が消えかけている。これは女性家族省〔女性問題を扱う行政機関〕をなくすべきだという一部の根強い主張が一部実現したかたちにも見える。

政府機関のことなどさっぱりわからなかった学生時代でも、女性家族省の存在は知っていた。「女性器のかたちと似ているからジョリポン〔麦のポン菓子の商品名〕をなくせ」と主張したという、とんでもないデマですら多くの人が信じるくらい、つねに多くのゴシップに悩まされてきた機関だからだ。私のまわりの男たちは「女性家族省なんてなくなればいいんだ」とよく言っていた。

しかし、女性家族省が必要だったのには理由がある。

逆差別を語れるのは差別があるからだ。男性優位があたりまえの社会で女性の権利を守る機関がつくられた理由を思えば、それを簡単になくしてしまっては平等から遠ざかるだろう。

女性家族省や総女学生会が存在しなくてもいい社会、女性にとってもそんな世の中のほうがずっといい。

でも目くらましのような機械的な公平さを求めると、かろうじて存在していた保護機能までもが失われてしまう。

差別をなくす前にまず逆差別（のように見えること）をなくそうという動きは、いったい誰のためなのか。あふれるニュースを見るたびに、結局は強者によって話があべこべにされているという不安が押し寄せてくる。

「女性上位時代」に、なぜ私は居心地が悪いのか？

――「理解ある夫」に感じる違和感

結婚してからまだ名節を3、4回しか経験していない新米の嫁である私や友人たちは、名節の光景を変えるべきだという意見で全員一致した。

どんなに夫婦の立場が対等でも、どんなに普段やさしくて気が利く夫でも、夫の実家に行けば二人のいる場所ははっきりと分かれる。

男たちはリビングで果物を食べたりお酒を飲んだりし、女たちはやることがあろうがなかろうがキッチンに集まる。

その二つに分かれた光景をもはや当然だとは受け止めきれない「近頃の世代」の女たちは、その光景の一部になることに、だんだんと違和感を覚えはじめている。

友人の一人は、さすがに帰省ボイコットまでは宣言できないから、夫に台所を手伝ってくれと本気で頼んだという。彼女の夫はうれしそうに皿を洗い、チヂミも一緒に焼いてくれた。ところが名節を終えて帰ってきた友人は、そんな夫の変化がありがたいと言ういっぽうで、気まずい心境を吐き出した。

「親戚全員、気の利く夫だってくどいくらいに褒めちぎるんだから。こんな夫はどこにもいないって」

ただフェアなことが「すばらしいこと」になってしまう

ともあれ、ひたすら男の子の誕生を望む風潮が蔓延していた過去に比べれば、世の中はゆっくりとだが変わってきているのは事実だ。少なくとも30代の若い夫婦世代で「女はこうあるべき」と権威をふりかざす夫は多くない。

家事分担に育児参加、実家と妻のあいだをうまく取り持とうと奮闘する夫は多い。

でも、問題は依然としてそれが「ありがたい特別な」光景であるかのように思われていることだ。

夫の実家で料理や片づけをするのは「当然の義務」で誰からも褒められないのに、男たちはちょっと動いただけで、いい夫、気の利く夫となってしまう。そして嫁は、「いい夫をもらった」「いい人に嫁いだ」と言われるなんて、おかしなことだ。

家事の分担は、恵まれた夫のおかげで手にした特別な恩恵ではなく、フェアで当然のことなのに。

「それでも前の世代に比べれば、がんばっているんだから感謝すべきじゃないの？」

そう言ってくる人たちもいる。

だから、「変化が遅い」「まだ水面下に残っている違和感がある」と思った瞬間、私には「大げさな」女という修飾語がつけられる。そうでなくてもがんばっている人をさらにムチ打つなんて不当じゃないか、というわけだ。

でも、彼らに必要なのは本当に、がんばりをわかって認めてあげるアメだけなのだろうか。

「いい夫」「いい妻」の合格点の格差

もちろん、社会が家父長的でなくなってきているというのはポジティブな変化だ。
では、逆はどうなのだろう。女性が経済活動をするようになっても、いい妻だとは言われないし、むしろ家族の世話という基本的な義務をほったらかす、自分勝手な人のように思われることがまだまだ多い。社会で成果を出したところで、いちいち褒めてももらえない。

つまり、いい夫の合格点は、いい妻の合格点に比べてあまりにも甘く設定されているのが現実なのだ。妻のほうは、ほとんどワンダーウーマン並みでなくてはいい妻だと言われないのに。

女性が生きやすい世の中になっていることを暗に示しつつ、自分の家に嫁いだらこんなにラクできるよと、自慢するように言う人もいるらしい。

「うちは祭祀《さいし》〔名節や法事で先祖を祀る儀式〕がないんだ。母親はキムジャン〔大量のキムチをまとめて漬け込む行事〕もしない。助かるだろ？」

僕と結婚したら君は本当にラクできるよ。自慢気に差し出すその「特権」に感謝するには、いくつか問題ありだ。

まず、彼はすでにこうした実家の行事は嫁の仕事だと思い込んでいる。その仕事の重みが1グラムであれ100キロであれ、最初から自分が担うべき役割だとはこれっぽっちも思っていない。その特権には「そのかわり」がくっついてきたりして。うちの実家は祭祀もやらないんだから、そのかわり電話くらいまめにしてやってよ。

こうしたちょっとしたことに違和感を覚えると、話をまるく収めることができない「理想の高い大げさな女」にされるのがオチだ。

この程度の変化だってすごいことだと鷹揚《おうよう》に受け入れて、ありがたく思うべきなのだろうか？　結局は、こちらがどれだけ気遣って感謝を示すかで、変化の幅は決まるのだろうか。

「人種差別は終わった」と白人が言っても説得力がない

世の中は変化している。女性だけの空間だと考えられてきたキッチンに、いまや男

性が入り、洗濯物を干し、一緒に子育てをしている。そして、そんな自分たちの置かれた立場を笑い話にする男性もいる。

「外では格好つけてるけど、家に帰れば皿洗いですからね」

「家では妻の言いなりですよ」

家事をやったり、妻の意見を聞き入れたりすることを「もともとは上にあるべき夫の権威を引っくり返された」と無意識に感じていること自体、それまでの序列が不平等だったということだ。人はもとから持っていないものは気にしない。持っていたものが奪われるから、その穴が大きく感じられるのだ。

女性が上になったのではなく、男性がもともと持っていた特権が消えただけなのに、彼らは何かを「奪われた」かのように感じている。「逆差別」という主張の多くが、女性が権力を握ったことではなく、男性が持っていた特権をなくしたことを指している。

男性の家事が特別なことであるかのように話題になるのは、それだけあたりまえではなかったからだ。

男性の家事参加は、世の中が変わって、もう差別がなくなったという証拠なのだろうか？

だけど「差別がなくなった」と言っていいのは、「差別されていた側」でなくてはならないだろう。人種差別の時代が終わったことを白人が宣言したところで、何の説得力もないように。

私が、親世代の伝統的な性差別が改善されつつある社会に生きていることは間違いない。

私たち夫婦は、互いに尊重し合い愛し合っている、ごく普通のいまどきの夫婦だ。でも相変わらずそれぞれの役割に対する世間の目は自由じゃない。

夫の実家で果物をむいたり皿を洗ったりしない私には、そのくらいもやってあげられないのか、わがままだと批判の矢が突きささる。それは私の実家に来る夫には適用されない基準だ。

「僕はそうじゃない」とか「うちはそういう家じゃない」と納得しない男性もいる。

だがそんな男性の母親、妻、友人、あるいは娘たちは、家の外でいまだにそんな現実にぶちあたっているのだ。

「ずっとましだ」は「もう十分」ではない

変化の流れを止めようと、「女性上位の時代だ」「このくらいでいいだろう」と言うのは、女性差別がなくなったと信じたい人たちの詭弁《きべん》だ。フェミニストを「人権のための社会運動家」だと考えず、女性だけに関係付けて語るのも、同じ類いの目くらましだ。

「少なくとも女性の人権は向上した」「このくらいなら上等だ」と線引きするのは男性の役目ではない。「祖母の時代に比べたら最近の嫁はラクなほうだ」「以前に比べたらずっとましだ」は「もう十分だ」ではないのだ。

付き合っていたころ、私と夫の価値観は十分近いと思っていた。ところが、結婚という古くからの慣習のなかでは、夫はただのありきたりな韓国の男だった。

私たち夫婦はそれぞれの立場について、幾度となく説明を繰り返し、説得を試み、ときに争わなくてはならなかった。

「家事はどちらも主体的にやる」「親を気遣う電話は各自で」「名節の帰省はそれぞれ

が自分の実家に帰る」というところに至るまで、旧世代の結婚生活とは違うたくさんの合意点を新しく見出していかなくてはならなかった。

結婚4年目、ある程度、安定期に差しかかったいま、夫はたまに自分の心の広さを満足げに自慢する。

「僕くらいなら、相当理解のある男だよね」

「普通以上」であることは認めてあげたいが、そうできないのは「普通」の基準があまりにも低すぎるという思いをぬぐいきれないからだ。かわりに私が望むのはこんな世の中だ。

「それが普通であたりまえの世の中だったらいいのにね」

なんとなく使っている言葉
——言葉が思考パターンをつくってしまう

数年前の冬、「ポンオリ手袋」〔ミトンのこと〕という言葉は使わないほうがいいという意見を初めて聞いたときは驚いた。ポンオリの意味を辞書で調べてみると「言語障害者を指す差別用語」と出ている。蔑称なので別の名前をつけるほうがいいのではという意見だった。

私はそれまで一度も「ポンオリ手袋」という言葉にそんな意味を含んで考えたことはなかった。言われてみれば、私たちがよく使っている言葉にも、差別的なのに定着してしまったものがけっこうある。「アジュモニ〔おばさん〕」を蔑《さげす》んで言う「アジュンマ」もその一つだ。「アジュンマ」と呼ばれたときに、相手に尊重されているとはなかなか思いにくい。

普段から当然のように使っているので、特別、語源をたどるようなことはしないし、自然と使い慣れた言葉を選ぶ。その語源は多少問題ありだと知っている場合もあるが、どうせ本来の意味はうすれているから大丈夫だと考える。でも言葉の力は、意味そのものより、そこに積み重ねられてきた脈絡のなかにある。

以前は、配偶者の女性のことを「チプサラム〔家内〕」「アンサラム〔女房〕」などと呼んだ。男は外で働き、女は家で家族を世話することがほとんどだったからだ。

でも、いまは男女どちらも仕事と家庭を両立する時代なのだから、すでに時代遅れの表現だ。炊飯器や洗濯機のCMで、お母さんのための製品だと宣伝するのが適さないことも、みんなわかっている。

ところが、いまだに多くの人が、家事は女性の仕事だと思い込んでいる。メディアで見る情報でも自分の経験上でも、家事はずっと「母親」の役割だったからだ。「家内」「女房」という言葉が不自然に思えなければ、社会の認識も簡単には変わらないだろう。言葉そのものに悪い意味はなくても、「家内」という言い方になじんでいる以上、家事は女の役目という認識を振り払うことはできなそうだ。私たちが使ってきた象徴や譬《たと》え、単語の残骸が無意識のうちに具体的なかたちをつくりだしているというのは、言い過ぎだろうか。

しかし社会的な認識を変えようと、実際にいくつかの職業の呼び方は変わってきている。家政婦はお手伝いさんと呼ばれ、アジョシ〔おじさん〕と総称されていたタクシー運転手も、キサニム〔運転手さん〕と呼ばれるようになった。

「女の浮気心」を示す特別な単語

以前、作家の李外秀《イウェス》氏がＳＮＳに「紅葉」という詩を載せたところ、文学における女性嫌悪《ミソジニー》の表現だと非難されたことがあった。

あの女がどんなにきれいにめかし込んで、スカートのすそをなびかせ、ファニャンギを見せても、見向きもするな。あの女は、いま発つ準備をしているのだ。肝に銘じろ。あの女が去ったあとには、まもなく冬が近づいて、日々、おまえだけが寂しさにまみれ、酒浸りで生きていくだろう。

この詩で「ファニャンギ」と描写された紅葉が女性を対象化（人格を無視して、性的なモノや手段として人をとらえること）しているという理由で、女性嫌悪だという主張が出てきたのだが、作家はその騒ぎに対して「読めていない」と反論した。

さらにフェミニズムの台頭以降、文学における表現の自由が抑圧されていると、文学にたずさわる側からの意見も相次いだ。

もちろん文学には表現の自由があってしかるべきだ。しかも、文学では文法の破壊まで許されている。それでは、芸術的に許される自由の範疇《はんちゅう》というのはどこまでなのか。


ファニャンギとは「男好きな女の浮気心」のことをいう。ところが、男の浮気心を指す単語はない。つまり男性は経験が多くても隠すべきことではないが、女性は純潔でなくてはならず、経験があってはいけないという価値観に根ざしている単語なのだ。

李外秀氏はこの単語を詩全体のなかで文学的に解釈すべきとしているが、単語には罪がなくても、単語が持つ脈絡には罪がある。

最近、女性が夫側の家族を呼ぶときに使う、義弟の呼称「ソバンニム」や義妹の呼称「アガシ」を変えようという声が大きくなっている。悪い意味があるからでも、語源に問題があるからでもない。その単語が使われること自体が、家庭内の序列、性差別を生むからだ。

何でもかんでも言葉を消してしまえというのではないし、倫理的で人道的なことだけを上品にたしなもうといいたいわけでもない。文学でどうしても「ファニャンギ」という言葉が必要なこともあるだろう。でも、それが美しく色づいて散っていく紅葉の比喩として手軽に共有され、再生産されるほどの意味のある言葉かは、考えてみる必要がある。

私たちは言葉を通して思考する。しょっちゅう耳にしていれば、なじんでくる。それでも言葉のパワーは残っている。単語のもともとの意味を忘れてしまったまま、無意識に、女性嫌悪の思考パターンになじんでいくのだ。

面倒で繊細だけれど必要なこと

文学で使える表現が減ってきているという嘆きも多い。

そうかもしれない。ある意味、だんだん面倒な社会になりつつある。

でも、弱者に対する嫌悪の表現に敏感だというのは、いいことではないかと思うのだ。

あるお笑い番組が、ひとり親家族の子どもをネタにして非難を浴びたことがある。

新しいおもちゃを自慢する友だちに「父ちゃんが養育費を送ってきたみたいだな」「両方からプレゼントもらえていいよな、財テクだな」とばかにしたシーンが問題になったのだ。

これも「お笑いはお笑いとして見るべきだ」という主張があるだろう。いちいち目くじらを立てず、まるく生きていくのはいいことだが、それが誰かの居心地の悪さ、誰かの傷の上に成り立っている寛大さだとしたら、よくないのではないか。

同じように、差別的な小説を気楽に読むことができるだろうか。多国籍家族や障害者に対する嫌悪の表現もやはり、小説の流れのなかで描かれることがあるだろう。でも、それが作品全体で安易に扱われるのであれば、芸術的な意味でも望ましくない。では、女性嫌悪の表現に対する配慮は、文学の自由を制限するもの、表現の自由を抑えつけるものだと断言できるだろうか。

かつての文学作品を見ると、女性だけでなく障害、貧困、人種、身分などに対する差別、蔑視の表現が自由に行き交っていた。そういう時代だったのだ。

とはいえ、それをいまも文学の純粋さであり文学の自由だと思えるだろうか。いまより弱者を自由に表現できた時代をなつかしみ、当時に戻る努力をしなければいけないのだろうか。

言葉の変化とともにつくりあげてきた弱者に対する配慮は、文学的自由に比べたら、取るに足りないものなのだろうか。弱者に対するあらゆる嫌悪の表現を認めるとしたら、文学は結局、限定された階層の人たちのための芸術として残るだけになるのではないか。

おばさんと呼ばれるのがいやな理由

――「おばさんならこうする」という暗黙の了解

「昨日初めて、おばさんって呼ばれちゃった」

友人はふと思い出したかのように、しかし、ずっとちくちくと刺さっていたその言葉をようやく抜いて吐き出すかのように言った。

すでにどうあがいても30代。結婚する友だちが増える時期でもあり、最近は集まって飲めばしょっちゅうそんな発言が飛び出す。

多くの女性は自分が初めておばさんと呼ばれたときの気分を覚えているのではないだろうか。普通に言われたら少し面食らう程度だけど、もめていたり、見下されたりするような状況で言われたら、かなりダメージを受ける呼び方だ。

「なんで私がおばさんなのよ」とキレてしまえば、なんだか年を取ることに抵抗しているみたいで、よけいコケにされるから、結婚した時点で早々に「もうおばさんだもん」と観念したりする。

でも、なんでおばさんと呼ばれるのがイヤなんだろう。

年を重ねるのはイヤじゃない。もちろん若さやみずみずしさ、肌のきめこまかさが失われ、手に皺《しわ》が増えるのが愉快とは思わないけど、年を取ることとイコール持っているものが失われる過程だとは思っていない。むしろなかったものが満たされるようになり、弱さを克服し成長することができる時間かもしれない。

年を取ること自体はすばらしいのに

10代でも20代でも、その時期にしか味わえない経験や感情があった。

その時間があったからこそいまの私がつくられたのだけど、それは人生に一度きりで十分だ。だから、年を取ることがかわいそうだと思われたり、勝手に私の人生が終わりみたいに言われたりしたくない。

でも、ある年代以上の女性は、先生やトレーナー、漫画家、さらにはご近所さん、顧客、社長である以前に「おばさん」になってしまう。

そして、おばさんという言葉は、もう過去のように行動してはいけないかのように、あっさり制限を設けてしまう。

「おばさんのくせに外泊？」「おばさんは家でメシでもつくってろ」という言葉が、パズルのピースのようにぴたりとはめられる。

子どもを持つ女性がメイクしてオシャレすれば「母親が何をそんなに若づくりして」とあちこちから言われる。

「おばさん」は社会でもはや女としてアピールしてはいけないようだ。しかも、若い女性のほうが価値があって、年を取った女性は価値がないとする男性中心の見方では、年を取った女性はますますけなされる。

ひょっとすると、それは女性のダイエットやオシャレが「男性に見せるためのもの」という発想と結びついているからかもしれない。

気が利く男性はしばしば、広い心で許してあげると言わんばかりに恋人に言う。

「適当な格好でもかわいいよ。ダイエットだってする必要ない」

もちろんその気持ちはうれしい。だけど、私はただたんにあなたに自分を見せるためだけに存在しているわけじゃない。

私は自分の好きな自分になっていきたいのだ。おばさんだろうが、母親だろうが、やりたいことをしなくていいと言ってもらう必要はない。

「おばさんたちの集まり？」という冗談

結婚して引っ越してきたところは、若者や新婚さん向けの典型的な低家賃の公共団地エリアなので、マンション1棟の入居者全員が新婚さんだ。年齢も近いので、親しいご近所さんができて、たまに家に遊びに行っておしゃべりしたりする。

あるとき「ご近所さんとお茶してくるね」と言って出かけて戻ってくると、夫が興味深そうな目で私を見ていた。「おばさんたちの集まり？」という冗談めいた言葉には、どこか冷たい意味が含まれているように感じられた。君もオバサントークをするの？　というような。

私はあきれて訊き返した。

「なにそれ、近所のスーパーの安売りの話をして、隣の旦那の悪口でも言ってると思ってるの？」

実際は、ほとんどがネコの話と会社の話だった。大学時代の友人と会っておしゃべりするのと変わらない。それなのに「近所のおばさんたち」の集まりになると、頭に思い描かれるのは間違いなくこんな光景だ――たくましい女たちが集まって、夫の文句を言い、ゴシップで盛り上がる姿。地下鉄でバッグを投げて席を確保する図々しい姿。

生活が苦しかった上の世代は、母親が強くて図々しくなければならない理由があった。夫は稼げなくても、静かに体面を保ち、家長として扱われながら生きていればいいが、実質的に家のことを任されている妻は、現実的なこまごましたことを引き受けなくてはならなかった。

自分一人の面倒を見るだけなら、いくらでもプライドを保って生きていけるけれど、守るべき対象ができた瞬間、自分自身は二の次になる。それは「やはり母は強い」と感嘆することではない。自分を後回しにして子どもや家族を優先する「おばさん」たちにもやさしい眼差しが必要だったはずなのに、韓国の社会で切なく哀れに描かれるのは、おじさんたちだけだったのだ。

そんな「おばさん」のイメージは、メディアや広告でも手軽に使われてきた。あるスーパーでは「夫を痛めつけずに、イイダコを炒めましょう」という広告が堂々と貼り出されていたし、怪物に変身した妻がゲーム機を買う夫を攻撃する広告が、既婚男性の共感を呼んだりした。

こういう表現を見ると、韓国社会がどういうイメージで既婚女性をとらえているのかがよくわかる。

もちろん問題になってすぐに姿を消した広告もいくつもあるが、女性は結婚するとおばさんになり、おばさんになればこういった行動パターンを見せるはずだという共通了解の根強さを感じて、苦々しい気分になる。

「呼び方」は態度に影響を与える

「年を取っても、ママになっても女」だと、私たちはふと思い出したように言う。なぜ女であるということをあえて強調しないといけないのだろう。考えてみると、女性は結婚と同時に女性性を脱ぎ捨てて「おばさん」という特定のカテゴリーに入れられるからのような気がする。

職場でも中年女性が「そうはいってもおばさん」という視線から完全に逃れるのは難しい。実際、子どもでも産めばキャリアが途切れ、もとのポジションに戻ることは大変だ。

それまでこつこつとキャリアを築いてきた男性は、出産して社会的に後《おく》れを取った女性を「おばさん」と呼ぶ。その言葉に相手を尊重する気持ちがあるかどうかを考えてみれば、「おばさん」と呼ばれたくない理由は明らかだ。

「女のくせに」とか「おばさんのくせに」という言葉がすっと出てくるのは、女とおばさんは自分に歯向かってはいけない存在だと思っているからなのだろう。

不思議に思うのは、同じように中年男性を指す「おじさん」は、男性自身ですらさほど居心地の悪さを感じていないということだ。たんに女性たちが年を取ることに対してひときわ抵抗があり、心が狭いからなのだろうか。男は年を重ねるほど魅力が増すと言いながら、女は年が若いほど有利であるかのように語る社会に、責任はないのだろうか。

じゃあおばさんを何と呼べばいいんだということになるが、かわりになる適当な言い方がない。でも、おばさんという言葉から嫌なニュアンスを洗い流すことができない以上、ほかの呼び方が必要だ。

呼び方なんてどうでもいいじゃないかと考える人もいるが、呼び方は相手に対する態度にも影響を与える。

言葉というのは簡単に変わるものではないけれど、ほかにどんな表現をすればいいのか、ぜひ考えてみてほしい。

「女の敵は女」という思い込み
――それで「都合がよくなる」のは誰か？

ことわざにはつねに両面がある。「知は力なり」と「知らぬが仏」、「虎穴《こけつ》に入らずんば虎子《こじ》を得ず」と「石橋を叩いて渡る」。

どちらかを選んで絶対的な真理だと定義することはできない。結局、どんな状況で使うのか、その状況で何を信じたいのかだ。知っているほうが得な状況では「知は力なり」を思い出し、知らないほうがましという状況では「知らぬが仏」と言うのだろう。

女同士でもめると、すぐに人は「女の敵は女」という言葉を思い浮かべる。では、男同士でケンカした場合はどうなのだろう。職場や酒の席での小競り合いなど、男同士もあんなに頻繁にケンカするのに「男の敵は男」とは言われない。

職場で似たようなトラブルが起こっても、男同士の争いは健全な議論に見えるのに、女同士の場合は嫉妬や妬《ねた》みなど、女性特有の問題と見られるケースが多いという実験結果がある。

なぜ「女の敵は女」という言葉がまるでことわざのように、命題のように、真理でであるかのように使われるのだろう？　女性が勝つべきは女性だと思い込むのは、誰にとって好都合なのだろう？

「それは僕がやるよ」とは言わない

弱者にレッテルを貼るのは簡単なことだ。運転が下手な女の人を「キム女史」、ブランド好きの女は「味噌女」と呼ぶことが社会全般で通用しているが、同じ状況の男性を指す呼び方はない。

女性のある行動パターンを男性目線で判断して、それにレッテルを貼れば、そこには権力が生じる。男性だというだけで女性を見定めて分類していいと勘違いすることになる。

「女の敵は女」という言葉は、女性の問題は女性同士で解決すべきものだと問題を限定する。それは女性特有のドロドロした問題であり、男性はただ傍観していればいいということになる。

韓国社会でとくに目立ってこのことが表面化するのが嫁《よめ》姑《しゅうとめ》の関係だ。祭祀を前に、何かごちそうをつくるか、買ってくるか、誰がいつ来て、何を担当するか、女たちがごたごたしているあいだ、男性は「やっぱり女の敵は女だな」とそっと見て見ぬふりをする。女たちの問題は女たちで解決しろと言わんばかりに。男性はそのケンカに割り込む必要はない。女同士で争って序列を決めればそれでいいのだ。

多くの夫たちが「あいだに挟まれて困っている」と言うわりに、自分で何らかの役目を負おうとすることはほとんどない。「母さん、なんで妻に皿洗いさせるの！」と言う男性はいても、「それは僕がやるよ」と言う男性は少ない。

嫁として進んで引き受けるべき役目を拒む女性には「君だっていつかは姑になるんだよ」と脅しをかけてくる。どうせ女たちのなかで役割が順番に引き継がれていくだけのことだと思っている。

職場では主に、年上のキャリア職の女性対若くてきれいな新人女性が、「女の敵は女」のカテゴリーに入れられることが多いようだ。

男たちは、より若くてきれいな女性は、ほかの女性たちにとって脅威だと考える。年上の女性は若い女性をうらやましく思ったり、嫉妬したりするものだと決めつけている。

そしてそれを男性を手に入れるための争いだと考えている。男は若い女やきれいな女が好きだから、女はそんな女たちに嫉妬しケンカするのだという考えがベースにある。

男を意識して、嫉妬し妬み合うのが、女性たちの本性だとでもいうのだろうか？

これは社会の権力のシステムと結びつけて考えたほうがいい。

男性は職場で、能力のある女性ではなく、素直でかわいい女性に権力を与えてきた。自分の力でそれを手に入れようと能力を高めて成果を出せば、逆に「気が強い」とか「きつい」と言われてきた。女性が社会的に力を発揮できる範囲は狭く、武器になるものも限られていた。

家庭でも同じように、家父長制のなかでは、ひたすら男性だけに権力があった。女性は息子を産まねばならず、息子を産みさえすればその子を通して権力に浴することができた。女性が力を持つためには、さらに力のある男性を自分のものにするしかなかった。

こうした構造的な問題があり、女性たちは自分にできる生き方の限界のなかで熾烈《しれつ》に争うしかなかったのに、女性の本性にその理由を求めるかのような考え方は適当ではない。

男同士は義理人情、女同士は嫉妬の関係？

「女には真の友人がいない」ともよく言われる。メディアでも男は義理人情を重んじる関係、女は妬み合う関係としてよく描かれる。でも、人間関係のあり方はさまざまで、それぞれが数十、数百を超える多様な関係を営んでいる。

私のまわりには、真夜中に呼び出してもブツブツ言わずに付き合ってくれる義理堅い女友だちもいれば、すぐにヘソを曲げる男友だちもいる。

あるとき、地下鉄で突然倒れてしまったことがあるのだが、私を椅子に寝かせて目を開けるまでそばにいてくれたのは、見ず知らずの女性だった。落とした片方の手袋を拾って、走って届けてくれた見知らぬ男性もいた。

おそらく多くの女性が、人生で助けてくれた女性を忘れないだろうし、いっぽうで攻撃したり脅したりしてきた男性のことも思い出すだろう。性別を逆にして考えてみても同じだ。それなのにどうして女の敵は男、男の敵は女とは言わないのだろう。女の敵は女だと信じることで、男たちは、女の世界を都合のいいように解釈しているのかもしれない。

人は考えていることが言葉に出ると思われがちだけれど、口に出した言葉のとおりに考えるようにもなる。私は面倒くさがられても、大げさに思われても、なにげなく口にしている言葉が人にどんな世界を信じさせているのか、きちんと考え直してみるべきだと言い続けたい。

「キム・ジヨン」はなぜ男を怒らせるのか？

――「気づかされる」ことを避けたい心理

根拠がある話なのかはわからないけれど、男の平均寿命が女よりも短い理由が「泣

かないから」だと聞いたことがある。

子どものころから感情を抑えるように教わってきたために、つらいときや悲しいときも思いきり感情を出すことができず、それが寿命を縮めるストレスにつながっているのだそうだ。男が泣くのは人生で3回きりという考え方を座右の銘のようにして生きてきた男たちも多いようだから、ありえなくもない話だ。

それは男たちにはめられた「コルセット」だ。弱い姿を見せること、つらいときにぼろぼろ泣いてしまうことは悪いことでも何でもなく、恥ずかしいことでもないのに、多くの男性が、どうやって感情を素直に表現すればいいのか、とうに忘れてしまっている。

大人になると、他人から怒られることはないけれど、沽券《こけん》に関わると感じて自分から泣くのを我慢する。だけど、素直な感情表現を抑えて生きていくのは、男にとっても女にとってもつらいことだ。

生まれもっての男女の気質の差はあるだろうけれど、社会的につくられてきた枠もある。男は勇ましくあるべし、女はしとやかで控えめであるべし、という典型的な教育。最近ではかなり減ったものの、それでも相変わらずあちこちに残っている。

それは単純に性格を決めつけるにとどまらず、女性の社会進出をさまたげ（女は家で子どもの面倒でも見ていればいいのに、どこに行くっていうんだ？）、社会的に重要な役割の多くを男性に預けるのに一役買ってきた。

その結果、女性は自分の力で生きていくよりも、妻や母として生きていく機会のほうが多くなった。尊重されるよりも犠牲を強いられることが多いポジションだ。男性は重すぎる責任にあえぐいっぽうで、その分、家では尊重されるべきだという家父長制の恩恵を受けてきた。女も男も、そんなふうに性別によって決められた道に自然と従ってきたのだ。

それはあたりまえすぎて、おかしいとも感じないことだった。チキン一羽を家族全員で食べていた時代、当然のように父と弟が一本ずつ脚を食べた。父はお金を稼ぎ、母は炊事と洗濯をした。

大学生のとき、男の先輩が「酒の席には女が要る」と言えば、そこにいた男たちは恥ずかしげもなく同意したし、私もそんなものかとうなずいていた。

思いきって値が張る物を買ったり、海外旅行に行ったりすれば「いつか結婚して子どもを産んだらこんなことできないだろうから……」と無意識に未来の限界を自分で決めていた。

性別によって何を享受し、何をあきらめているのか、自分ですら気づいていなかった。それは何を犠牲にしてつくりあげられた平和だったんだろう。

アイドルが「読んだだけ」で嫌われる

そんなとき、『82年生まれ、キム・ジヨン』（チョ・ナムジュ著、斎藤真理子訳、筑摩書房）が出た。違和感を抱いていたけれど、みんなそうやって生きているからと、口に出せなかった現実に対して、大きな突破口を開いてくれた。

多くの女性が、いままで違和感を覚えていたのに我慢してきたこと、女同士でただ愚痴を言い合うだけだったこと、あたりまえだと考えてきたことに、疑問を抱きはじめた。そして声を上げはじめた。その過程で、最も多く目にしたのが、男性が現実から目をそらし、反発する姿だった。

彼らは女性が現実を認識して、問題意識を抱きはじめたことに我慢ならないようだった。つねに笑顔で愛嬌を振りまく受け身の存在であるべきアイドルが『82年生まれ、キム・ジヨン』を読んだというだけで、耐えがたい怒りを覚え、アンチになった。小説が映画化されることになると、映画への出演を決めた俳優に裏切られた気持ちになったようだった。

いったい、彼らは何に対して怒りを感じたのだろう。何を食い止めたくて、この小説をタブー視し、危険物扱いしたのだろう。女性が生きてきた人生の実態を知ろうともせず、抑え込もうとする理由は何だったのだろう。女性が味わってきた苦しみに共感すること、それによって世の中が変わること、自分たちが享受してきたあたりまえの世界を女性とシェアすることに、不安を覚えたのだろうか。現実をまっすぐ見つめて、これまでの不平等に気づいてしまうことを避けたかったのだろうか。

変化を好ましく思わない人たちもいるだろう。いままでうまくやってきたのに、いまさらなぜ変化が必要なんだ？　女性の人権が向上するということは逆差別になるんじゃないのか？　男がなぜ既得権益層なんだ？　こっちだって生きていくのが大変なのに。

ネット上のコミュニティや記事にコメントを残す男性の多くが、すべてに蓋《ふた》をかぶせてしまおうと躍起になっているようだった。

いままであたりまえに享受していたものを奪われたくない人たちは、あらゆることをそのまま維持したくて変化を拒む。

韓国社会は、男女平等がどういう姿をしているのかさえ、まだ知らない。だから目を閉じて耳をふさいでフェミニズムに反論し、「著者は精神的に問題があるからわけのわからないことを言っているのだ」とまで考えてしまう。

「男のどこが恵まれているんだ？」という拒絶

20、30代の男性はとくに強い拒否反応を示した。その原因はいくつかあるだろう。
女性が抑えつけられてきた分、男たちがいい思いをしてきたのだと認めたくないからかもしれないし、自分たちが既得権益層だとは受け入れがたいからかもしれない。

女性が生きにくい世の中だからといって、男が王族や貴族みたいに不自由なく暮らしているわけじゃない。いまの20、30代の男性たちは、女性と同じように就職難を経験してきたし、マイホームなど遠い夢だ。とくに20代の男性は兵役のために、女性に比べて社会進出が遅れるという焦《あせ》りを感じている。

オフィスではウォーターサーバー用の重いボトルを運ばされ、残業もして、休日もデート代を負担して、結婚するときは家まで用意して……。それなのに、いったい何が恵まれているっていうんだ。

そんな疑問を抱くのもうなずける。

でも、そのあらゆることをそっくり認めたとしても、そうした面だけを見て、逆差別だとか平等だとか言えるだろうか。

結婚して子どもを持っても、女性だけがキャリアの中断を心配すること、社会の競争からあっさりと淘汰《とうた》されること、残業して帰宅途中に犯罪に巻き込まれるかもしれないこと、嫁として不合理な労働を引き受けること、30代になれば男性が活躍する社会で再就職すら難しいということ。

そういったことに社会が本気で関心を持ったことがあっただろうか。

女性でなければ味わう必要がない、つまらないことだけれど大きな困難に、男性はこれまで接する機会も、接する必要もなかった。

男性は、結婚や育児で昇進できなかったり、セクハラされたのは自分が悪いのかもしれないと自分を責めたりしたことはないだろう。自分の母親の隣で妻が料理を手伝うのを、夢に描いていた結婚生活だと満足そうに眺めていたかもしれない。

男も女も正直に自分の悩みを告白しはじめたのだから、社会を変えるために、一緒に努力してもいいいんじゃないだろうか。


恋人や夫に、女性として味わった恐怖や不利益を話すとき、一緒に怒ってくれたとしても、それは「たまたまイヤなことが起こっただけ」としか感じてもらえないことも多い。「その日はツイてなかったんだよ」と。

男をどうして潜在的な犯罪者扱いするのかと尋ねる前に、現実を直視してほしい。彼らは『82年生まれ、キム・ジヨン』が、ごく一部にすぎない経験を極端に膨らませたものだと主張する。

だが、これが多くの女性にとって経験したこともなく、経験する心配もないことだったら、ここまで多くの女性たちが共感しただろうか。

男性がもし、これまで想像すらしてこなかった世界を覗き見るつもりでこの小説を読んでいたなら、この小説が刊行されてから多くのことが変わっただろう。

ところがそうするかわりに多くの男性が、それ以上に重いと考える自分たちの苦労を突きつけてきた。男性の人生がつらかったら、女性の苦しみは相殺されるとでもいうのだろうか。

「罪悪感のなかったこと」を指摘されたくない

恋人や配偶者と争うときの、望ましくないシナリオがある。

「あなたがそんなふうだから、ものすごく寂しかったのに」

「僕はどうなる？　このまえ、君のせいでもっと寂しかったんだよ！」

これではエンドレスにケンカが続くだけだ。

一部の男性は話を聞きたがらない。女たちが声を上げて語ることについて知りたがらない。女性の苦しみを男性社会への攻撃だと感じ、躍起になって防御態勢を取る。

でも、たとえば誰かが「仕事が大変だ」と話してきたら、いくら自分の生活が大変でも、最初から耳をふさいだりはしないのではないだろうか。もちろん「私だって大変なんだよ。こっちだって生きるのが大変なのに何言ってるの？」と思うこともあるかもしれないけれど。

それでも大嫌いな人じゃなければ、少しは耳を傾けるだろう。

こっちも大変だけど、そっちも大変なんだね。こんな人生もつらいけど、そんな人生もじつは大変なんだね。その程度の共感だったら、それほどムリしなくてもできるはずだ。

男性の人権向上の主張は、それ自体が意味を持っているというよりは、ただ女性の主張に対するリアクションとしてのみ強く声を上げているような感じがする。そこに込められているニュアンスは、「聞きたくないから、もういい加減にしろ」だ。

いっぽうで男性が自分たちの苦労を主張しながらも、その抑圧から解放されるために努力しているかどうかは疑問だ。

女性が伝統的な女性像から抜け出そうと声を上げているあいだ、男性はむしろ家父長的な立場を維持するために、ことさらに母性を褒めたたえたり、男性としての権威を強化する方向で声を上げたりしてはいなかっただろうか。
「フェミニズムだの何だのと騒ぎたてる連中がいなければ、このまままのほうがいい」と踏ん張ってはいないだろうか。

彼らはフェミニストという単語が自分を非難する道具だと思っている。いままで何の問題意識もなくやってきたことを問題視されるのが許せないのだ。

これまで罪悪感を持っていなかったことに罪悪感を抱くのは、はじめは居心地が悪いだろう。だけど、そもそも問題を見ようとしなければ、問題はいつまでも変わらない。

不合理な経験があれば、その原因を探って、新しいシステムをつくろうとするのが健全な社会だ。

もちろん簡単ではない。心や力を合わせるのは難しいし、一人でがんばりつづけるのもやさしいことじゃない。

何かを変えることはとても難しい。「こちらもつらい時代を送ってきたんだから、あなたもそのつらさに当然耐えるべき」と主張するほうがずっとラクだ。でも、女たちをただ巻き添えにするだけでは何も改善されない。

私たちはいま困難な道の前に立っている。この道の先は遠く険しいだろう。私は自分の父、弟、そして夫に、その道を行く私の手を取ってほしいと願っている。

中絶について議論する人たち

——男たちのズレつづける話し合い

ずいぶん長いこと避妊薬を飲んでいた。高校生のころ、「異性と付き合って妊娠でもしたら大変だ」と母親からいつも吹き込まれていたせいか、婚前妊娠に対する不安が大きかった私には、「自分の体は自分で守る」という避妊薬のキャッチコピーがとても爽快に感じられた。コンドームの避妊率も100パーセントではないというし、避妊薬は自分でコントロールできるいちばん安全な方法だった。

ところが長期間、避妊薬を服用しているうちに、毎日決まった時間に薬を飲むのが面倒になってきて、体のホルモンバランスを人工的に変えているということも負担に感じられるようになってきた。何より避妊の主体が自分になることで、同じように関係を持っているのに、相手から責任を押しつけられているように感じることもあった。

ある日、眠る前に避妊薬の飲み忘れに気づいて、そのことを夫に言うと、夫は薬を持ってきて、脅すように注意したのだった。

「そんなことじゃ妊娠するよ」

その瞬間、あきれて何も言えなくなった。よくもそんなことが言えるものだ。その妊娠してできる子どもは、自分の子でもあるっていうのに……。気を取り直して、すぐさま枕を投げつけた。

「何、脅してるの？　妊娠は私だけの問題じゃないでしょ」

男性向け避妊薬が普及しない理由

避妊も、妊娠から出産にいたるまでのあらゆる過程も、女だけのものではない。女の体を経て起こるという理由だけで、それを自分の外の世界のこととして無責任に感じている男性もいるようだ。

そもそも、なぜ避妊の主体の大半が女性の側に偏っているのか。

いまだに男性用の避妊薬が商用化されていない理由は、製薬の技術不足のせいではないそうだ。男性用避妊薬はぽつぽつと試験的に販売されてきたのだが、男性にはあまり歓迎されないのだという。

男性が避妊薬の服用をためらういちばんの理由は副作用のようだ。とくに性機能に問題が生じるのではという不安が大きいらしい。

だけど、避妊薬の作用は、男性用も女性用も基本的にはホルモンのコントロールだ。現在市販されている女性用の避妊薬にも、芥子粒《けしつぶ》のような小さな字でびっしりと多くの副作用が記されている。男性が避けているその副作用をすでに女性はそっくり引き受けているのだ。

結局、男性用避妊薬が商用化されにくいのは、避妊の負担を女性に負わせるという、これまでの認識が簡単には変わらないせいというのも大きいようだ。

問題は、男性の避妊法で知られるコンドームですら、男がイヤだと言えば、女はそれ以上強く言えない場合が多いということだ。コンドームを使わないほうがイイから、という男性側の理由で、妊娠のリスクを女性の体に負わせてしまう。

実際、2015年の疾病《しっぺい》管理本部の報告書によれば、男性の性交時のコンドームの常時使用率は11・5パーセントにすぎないらしい。無理強いすることもできず、使わなくても違法ではないから、女性はただ不安になる以外にない。

もし、恋人が善行でも施すかのように提案してきた、いちばん譲歩した避妊法が、決して安全ではない膣外射精だとしたら、まずは避妊についての正しい勉強が必要だ。

中絶をなぜか「女性の問題」にする発想

恋人とのセックスの最中にこっそりコンドームを外した男に対して、ドイツの裁判所が有罪判決を下すという出来事があった。

子どもはつくらないことに合意して結婚したのに、男性が子どもを望み、性交の最中にこっそり避妊具を外したり、コンドームに穴を開けたりして女性が妊娠させられるケースがたまにある。

女性の同意がない一方的な妊娠だが、韓国ではそれについての適当な処罰方法がない。望まない妊娠をしても、以前は中絶が違法だったため、そのあとのことのほとんどは女性が一人で何とかするしかなかった。

しかも、それを利用してふてぶてしくも女性を脅すケースもあった。「俺と別れたら堕ろしたことを通報するぞ」とか、実際に離婚訴訟中なのに「中絶には同意していない」と女性を窮地に追い込む夫もいたという。

男性側が中絶を完全に女性の過《あやま》ちと見て、自分は何の責任を負う必要も、理由もないと考えることで起きた事件だ。

彼らが本当に中絶を「罪」だと思うなら、中絶を告発することは自分を通報するのと同じだと考えるはずだ。それなのに中絶はもっぱら女性側だけの罪と考えられていたのだ。


２０１９年４月、憲法裁判所〔憲法判断だけを行う裁判所〕は、ようやく堕胎罪に対して違憲判決を下した。そして、関連法条項が２０２０年12月31日までに改正されることになった。

この決定にいたるまで、堕胎、妊娠中絶に対するすったもんだは途切れることなく続いた。とくに堕胎罪廃止については、女性の自己決定権と胎児の生きる権利のどちらを優先するかが争点だった。

堕胎罪廃止反対派の主張のように、胎児をはじめとするあらゆる生命が大切であるという意見に反対する人はいないだろう。

だが、女性が中絶を選ぶ理由は、胎児の生きる権利を軽視しているからでは決してない。むしろ出産後に女性自身と生まれた子どもに降りかかることに対して、誰よりも深く頭を悩ませるのは当事者の女性だ。

結婚してから授かった子であっても、あたりまえには産めない人たちもいる。自分たちのこともまともに責任が取れる状況ではないのに、もう一つの命に責任を持つことなどとてもできないということがあるのだ。その決定を生命の軽視に基づいていると他人が判断することはできない。

「僕が責任を取るよ」で終わりと思ってる?

生まれてこなかった嬰児《えいじ》の生きる権利と同じくらいに、生きている女性が社会で人間らしく生きていく権利も大切だ。

女性が自分の体で子どもを産むか産まないかを決定する過程には、男性の「僕が責任を取るよ」の一言だけでは解決しない多くの悩みが伴う。

「僕が責任を取るよ」は普通、「君が妊娠して子どもを産むあいだ、僕が稼いで養うよ」という意味だけれど、このとき女性は妊娠したという理由で、自分で自分の責任を負うことすらできない状況に置かれている。

予定外の妊娠だったとき、自分で選べることが、相手の判断に任せるか任せないかを決めることだけだとしたら、誰でも不安になるしかない。女性が子どもを産むために必要なのは、経済的な能力だけではないからだ。

この時点で出産をあきらめる女性を罰しなくてはならないなら、それは出生率に貢献しないと決めた女性に対する罰なのか、産むことのできない子どもを宿してしまった行為そのものに対する罰なのか、子どもを産めないという選択をさせたこの国に生まれたことに対する罰なのか。

国の役目は「堕胎は犯罪」という脅しではなく、中絶の選択から出産後の子育てまでのすべての過程において、自由に安全にさまざまな選択ができるようサポートすることではないだろうか。

ところが、これまでの堕胎罪は女性だけに法的責任を負わせてきた。中絶の経験がある女性には、責任感がなく利己的だという社会の視線が注がれた。未婚で妊娠するとたちまち後ろ指をさされる社会で、シングルマザーたちはひたすら重い責任を抱えて生きてきた。

それに比べて、妊娠後に男が行方をくらましたり、関係ないふりをして逃げたりするなどというのは、造作もないことだった。東南アジアの女性を買春で妊娠させておきながら、自分には関係ないと韓国に戻ってくるような男性たちも存在する。

なぜ「男性だけ」で女性の体の話をしているのか？

２０１７年、堕胎罪を廃止しろという大統領府青瓦《せいが》台《だい》〔大統領官邸〕への請願に対して、曺国《チョグク》民情首席秘書官が、答弁の過程でローマ教皇の発言を引用したことに、カトリック教会が反発した。

曺国首席秘書官は「ローマ教皇が人工中絶について『われわれは新しいバランスを見つけるべきだ』とおっしゃっている」と発言したのだが、これについてカトリック教会側は「教皇のお言葉を誤って解釈したもの」だとして「堕胎に反対する教皇の立場は変わらない」と反論したのだ。

その後、曺国首席秘書官は韓国カトリック司教協議会の生命委員会に出向き、カトリックの主張が誤解されるような言い方をしたことについて謝罪した。


私は宗教家でもないし、ある宗教の教えについてあれこれ言うつもりはない。

ただ、この日私がもどかしさを感じたのは、妊娠と妊娠中絶は女性の体に起こることで、これによって人生がまるごと変わる当事者は女性なのに、議論が「堕胎が許されることなのか、許されないことなのか」や「新たなバランスとは何なのか」といった話に終始したことと、その場に集まった全員が男性だったという点だ。

この出来事だけでなく、妊娠中絶を処罰すべきかを法的に議論したのはほとんどが男性だった。堕胎罪の廃止に際して、女性の意見が十分に反映されたのか、女性の妊娠後の人生について実感を持って議論されたのかは疑問だ。

妊娠適齢期の女性の数を国の出生率の計算に使用したり、子どもを産まない女性を国に貢献しない利己的な人間だと決めつけたりするのは、それが彼ら自身のことではないからだ。これはバス代がいくらか知らない国会議員が経済を立て直そうと国の政策をつくるのと同じで、無意味としか思えない。

人間の問題が「人口の問題」になっている

1960年代ごろには産児制限のために、逆に政府で中絶手術を奨励していたという。

そのころから堕胎罪は約50年にわたって効力を失い、形骸化していたが、2009年度に少子化対策として、再び取り締まりが強化されて、違法な中絶手術の通報センターもできたりした。

つまり、堕胎を罪としたのは、女性の人権や胎児の生きる権利というよりは、国家の人口の調整と関係していたわけだ。これは堕胎を許可したら出生率が下がるというおそれから始まった。

だが現実として、妊娠中絶率と出生率は無関係だという研究結果をわざわざ引き合いに出すまでもなく、女性としてはまったくピンとこない話だ。

堕胎罪廃止は生命軽視を正当化しようという意味ではないし、ましてや違憲判決によって、いつでも気楽に妊娠して自由に中絶を選ぶ女性が増えるということも決してないだろう。

中絶は何より女性の心と体に影響を与えるため、なにも好きこのんでするケースなどない。堕胎罪廃止が出生率の減少につながるというのは、女性を人ではなく、出産のための体程度に考えていなければ出てこない発想だ。

望まない妊娠をしたとき、その体は国のものではなく女性自身のものであり、個人の選択が何より尊重されるべきだ。胎児の命は大切だが、その生命は国ではなく女性の体を通して育っていく。

だから出生率を高めるための国の努力は、できるだけ多くの子どもを誕生させることに焦点を合わせるのではなく、女性の体、人権、出産後の社会的差別など、すべてを考え合わせて、実際に子どもを産み育てることができる環境の整備に注がれるべきだ。

堕胎罪の違憲判決を経たいま、これからは、より安全な妊娠中絶のためのシステムのみならず、健全な社会の変化について、さらに具体的に考えていくべきときだろう。

第 2 部

私の彼は一般的な男の人

―― なぜかなかなか通じないけど話したいこと

「痩せたみたいですね」って？

――「褒め言葉」が引っかかる

仕事の打ち合わせでときどき顔を合わせる男性が、私をまじまじと見つめながら言った。

「痩せたみたいですね」

私はしばらく黙って彼を見返し、口にはしなかったけれど頭のなかに浮かんだ言葉をすぐに追い払った――「毎回いちいち、外見についてコメントしていただかなくてもいいんですけど」。実際に言ってやったほうがよかったのかどうかは、わからない。

打ち合わせや仕事で人に会いにいくとき、私はいつも鏡の前でちょっと悩む。やっぱりメイクはしたほうがいいのかな。

そして棚の上をざっと眺め、使えそうな化粧品があるかどうか確認する。

この前まで使っていたCCクリームのサンプルがなくなってから何も買っていない。あるのは保湿クリームとリップスティック、日焼け止めだけだ。やっぱりいちおうメイクはすべきだよね？　もう一度自問して、近いうちに買いに行かなければと思う。

「褒め言葉」でコルセットがきつくなる

フリーランスの特性上、仕事で直接人に会うことはそんなに多くないので、いつも当日の朝になってようやく化粧品を探す。メイクをするのはおっくうだが、それでも相手を面食らわせたくないし、マナーをわきまえた人間として信頼してもらいたいから、たまには化粧をしなくてはと思う。

でも、そうすることで「女性がメイクをするのはあたりまえ」と考える世の中の風潮に加担しているのかもしれない。

仕事をするときも、外見の美しさはいつもオプションとして付いていないといけないものなのだろうか。

最近は、ユーチューブが盛んなので、簡単なインタビューも動画で行われることが多くなった。私は有名人でもなく、とくに顔を隠す必要もないので、前作の出版後に何度か動画でのインタビューを受けたのだが、正直、心の片隅でこんな心配をしていた。顔のことをあれこれ言われたらどうしよう？

これまで、人が不特定多数の前に顔をさらけ出した瞬間、世間から冷たく「顔の評価」を突きつけられる例を数多く見てきた。

通りすがりに偶然テレビに映った一般人から、芸能人のプライベート写真、動画のキャプチャー写真、ユーチューバーまで、誰もが真っ先に顔を評価される。言われたほうは笑ってやりすごしているけど、その場がしらけないように笑っているだけかもしれない。

「今日は化粧のノリがいいね」
「痩せたみたいだね」

そんな言葉が褒め言葉に聞こえるのはなぜだろう。

整えられた外見やスマートな体形は優越感を抱かせるいっぽうで、逆のことを言われた場合は意気消沈してしまう。自分の気分や幸福度が他人の判断基準に委《ゆだ》ねられている。

大事なのは、つねに他人から判断されていると気づくことだ。家から出たとたん、誰かしらが私の顔やスタイルを観察して評価しているかもしれない。だから、私は外見にまつわる褒め言葉や冗談がキライなのだ。

褒められたからといって、それをありがたく感じる必要はない。「顔はかわいいのに性格が……」という言葉には、顔がかわいい女性は男性の鑑賞の対象なので、おとなしく従うべきという思いが隠れている。

とりわけ仕事先では、外見やスタイルについてとやかく言われる筋合いはない。私はあなたの花になるためにここにいるわけじゃないのだから。

そういうことを意識しはじめると、褒められることばかりか、褒めることまで難しくなってくる。

会えば「今日はきれいだ」「痩せたみたいだ」「若く見える」と外見について言い合うのが習慣になっていて、それは褒め言葉だと思い込まされてきた。

意識しないあいだに自分がその褒め言葉にコントロールされて、それによって女性の「コルセット」が少しずつ締まってきた。

褒めることは悪いことじゃないけれど、口に出す過程で少し考えることが必要な時期にきているのは間違いない。

「したいオシャレ」の基準はどこから？

夫にこんなふうに言われたことがある。

「でもさ、女だって好きでオシャレしてるんじゃないの？」

それは「脱コルセット」（社会から押しつけられてきた「女性らしさ」への抵抗運動）を前に、女性自身も頭を悩ます問題だ。

「私はメイクが好きなんだけど……フェミニズムのために脱コルすべき？」

フェミニズムのために、やりたいことを我慢しなければいけないということはない。自分がしたい格好をするのは、健康な体をつくりたいという欲求と同じくらい自然なことだ。他人がどうこう言うべき問題ではない。ただし、自分がしたい格好の基準がどこからきているのかは、考えてみてもいいかもしれない。

年を取って肌にハリがなくなり、皺《しわ》ができるのはごく自然なことで、誰にでも起こる。それなのに、外見的な衰えに抵抗したくなるのはなぜだろう。

中年の男性芸能人の皺は魅力的だと言われるのに、なぜ女性芸能人は40代でも50代でも、若く見えることや、ハリのある肌がもてはやされるのだろう。

その一貫した美の基準のゆえんは、それぞれの人の「もともと」の価値観だけではなさそうだ。人はそれぞれ異なる個性を持ち、さまざまな生き方を追求するものだからだ。

そうした基準を押しつけてくる社会の抑圧から抜け出して、それぞれが自分の価値観で生きるという自由への脱出口が、いまの私たちにはない。

脱コルセットを無理強いすることはできない。でも、脱出口を開けようと一部の人は闘い、一部の人は相変わらず順応したままでは、変化を起こしにくいのも事実だ。

「する必要のない社会」で自由にオシャレしたい

近所に行くくらいならメイクしなくていいやと思うのに、すっぴんでオシャレな江南《カンナム》に行って友だちと会うのにはどうしても抵抗がある。きれいにしていないと落ち着かなくて、おどおどしてしまう。どう耐えればいいのかよくわからない。

社会に求められるまま「容姿端麗な（化粧した）女性」になれば、その場に居づらくはない。それでも私が脱コルセットをしたいのは、いつかは「オシャレする自由」を自分で選びたいからだ。

夫にはこう答えた。

「オシャレしなくていい自由があって初めて〈好きで〉オシャレできるんだよ。どっちか一つを選ぶ権利があるときに初めて〈好きなほう〉を選べるわけでしょう。きれいにしていないとイヤな思いをする世の中では〈オシャレしなくていい自由〉がないんだよ」

ショートカットにノーメイク、スカートをはかないのがフェミニズムということではないはずだ。男性と女性、どちらにも必要なのは「選択の自由」だ。着たい服を着て、「〜らしく」見えなくてもいい自由。大事なのは、それが自分の心を窮屈にしない自由であることだ。

私たちが目指す地点は「断固、オシャレを拒否する」社会ではなく、「他人を見た目で評価しない」社会だ。

そこでは、もはやノーメイクに対する恥ずかしさや罪悪感に耐える必要はなく、着たいものを着て、したいようにメイクする権利を享受できるだろう。

見た目で他人をジャッジしたりしないよう、まずは自分でも努力しよう。なにげなく「太った?」と訊いて「自己管理ができてない」などと指摘する社会では、本当の意味での脱コルセットは難しい。

自分の姿を愛し、自信を持つことは、個人のメンタルだけの問題じゃない。これ以上「太った?」「今日は化粧しないの?」と質問しない社会をつくるための、私たちの宿題でもあるのだ。

フェミニズムのせいで、別れることになったらどうしよう

――無意識の「女性嫌悪」に目を向ける

スーパーの駐車場で、車が一台、隣のスペースにまで白線をはみ出して駐車してい

た。空いていると思って近づいた夫が、それを見て反射的にこう口走った。

「まったく、おばさんときたら」

二人のあいだに危険信号が点《とも》った。夫のすばやい反省が先か、いま言ったことをごまかすために、またどうでもいいことを言ってケンカに発展するか。探り合いが始まった。

「えっ？　なんであの車の運転手が女か男かわかるの」

「ええっと……（すぐさま言い訳を考える）車が女っぽかったからかな」

「（もっとにらむ）そういう性差別的な発言、しないでって言ったよね」

「（言い訳失敗）そうだったね……わかった」

さいわい夫のほうが過ちを先に認めた。ここでもし「いいだろ！　女が運転がヘタなのは事実じゃないか。あんなの100パーセント、おばさんに決まってるよ！」といった言葉が飛び出していたら、本格的なケンカになっただろう。

車道には「女は家でメシでもつくってりゃいいのに、なんで車なんか運転するんだ」といった発言が蔓延している。

とくに私の夫のような30代になったばかりの若い男性は、客観的なデータより「女性ドライバーを蔑む習慣」のほうに親しんでいるようだ。でもあなたが最初に言ったその言葉、思いっきり「女性嫌悪《ミソジニー》」なんだけど！

「女性嫌悪だって？　いや、女は大好きだよ」

夫は自分が無意識に女性嫌悪的発言をして生きてきたことに気づいていなかった。まあ、女である私ですら、かつてはそうだったわけだけど。

初めて「女性嫌悪」という言葉を聞いたとき、それが何なのか瞬間的にピンときた私とは違って、夫はニュースで扱われる事件か何かだと思ったようだ。「嫌悪」という言葉のせいか、一般的な男性は女性嫌悪を認めなかった。「女？　大好きだけど？」と思っていたのだ。

女性嫌悪とは、「憎悪して嫌う」ということではなく、女性を男性と同等の存在として見ない現象全体を指す言葉だ。女性の限界を決めたり、性的なモノとして見たり、母性を押しつけたり、神聖化したりといった、よくあることがすべて女性嫌悪にあたる。「キムチ女」という蔑視と同様、「概念女」という褒め言葉もやはり、男性目線での女性の評価だ。

ジェンダーに関する話題が出るたびに衝突するカップルなら、まずは女性嫌悪の範囲を学ぶことが必要だ。自分や相手が女性嫌悪や性差別的発言をしている、という事実を認めることが最初の一歩だ。

恋人がいる男性も、愛する人と結婚した男性も、「女性が好き」という気持ちとは関係なく、女性嫌悪をする可能性があることを理解するのだ。

たとえばあなたも、心のどこかで人種差別をしているかもしれない。コンサート会場の隣の席に黒人が座っていたら、そっと席を立ちたくなる人間かもしれない。そこまでは勝手だが、「なんで黒人が来てるの」と発言したとたん、倫理的な問題が生じる。

頭のなかではどう考えようと自由だが、「なにげなく口にしている言葉」の問題に気づかないと、前に進めない。

自然と女性嫌悪的な発言をしてしまうような人は、これまで誰にも注意されてこなかったのだろうし、それどころかメディアでも「キム女史」〔運転が下手な女性の蔑称〕などという表現が普通に使われてきたわけだから、問題とすら思ったことがないのだろう。

でも、「女は30代になったらもう終わり」という冗談、「ちょっとは女らしく髪を伸ばせよ」というアドバイス、「子どもは母親が育てなければ」といった神話、「女が夜遅くまでフラフラしてるから危ない目に遭うんだろ！」という警告のすべてが、ほかでもない女性嫌悪だ。

それを認め、新しい、慣れない見方で自分の生きてきた世界を眺めるのは難しく、時間がかかるのも仕方ない。波風を立てずに「こういう部分が間違っている」と男性に指摘する方法など、私の経験上、ほとんどないように思う。

相手がジェンダー問題への感受性に欠けている人なら、できるのは、せめてその人が、愛する相手の言葉に耳を傾け、理解しようと努力してくれる人であることを願うことだけだ。

ジェンダーの話をしたい人への注意書き

そういった会話をするとき、お互い避けたほうがいい言い方がある。まず「男だって大変なんだよ！」「女のほうが大変なんだから！」となってしまわないように。

男は兵役に行ってきたんだから、女は外見を評価されたっていい、ということはない。それはまったく関係のない二つの問題だ。お互いに、自分のつらさをわかってもらえなくて挫折し、傷つくだけだ。

二つめは「もともとそういうものだろう」「それがどうしたの」と言い返さないように気をつけることだ。

「もともとそういうもの」なんてないし、「それがどうした」と思える問題だったら、わざわざ話題にしないはずだ。

「それは大変だったね」とそっと聞いてあげて、相手ががんばって生きている現実をわかってあげるほうがいい。


他人の問題について「あなただったらどうする？」と質問してみて、「よくないことだとわかってるけど、僕も君に祭祀に出てほしいと思うだろうな」などと正直に話してもらえれば、対策を話し合えるだろう。

「なんでいちいち大げさなこと言うの？　疲れるよ」

「これは僕たちのことじゃないから、もうやめにしよう」

もし彼がそう言って会話を避けようとしたら、どう説得すればいいだろう。

彼はこれを自分たちの問題だとは思っていない。

もちろん自分がフェミニストでも、あらゆる人を説得しなくてはいけないわけじゃない。まともに話を聞いてくれない人、目の前の相手を通してフェミニズム自体に反論したい人に、時間やエネルギーを費やす必要はない。

聞く耳を持たない人にわかってもらう方法はほとんどないし、片方がどんなに努力しても、片方が耳をふさいでいたら打つ手はない。

険悪になっても学び合えるか？

でも、それが愛する人で、安全で適切な道を一緒に歩いていきたいのなら、とりあえず話し合う努力をしないわけにはいかない。どうしてそう考えるようになったのか、一緒にじっくり考えることができれば最高の関係になれる。

もちろん何かあるたびに話し合ったり、やたらとフェミニズムという言葉を持ち出したりすれば、ケンカになることもあるだろう。それで別れることもあるかもしれない。別れるのが怖ければ、ぶつからないようにするほうがいいかもしれない。

でもフェミニズムは、女性の人権に関する、自分の現実と切り離せない主張だ。安全で平等な世の中で女性が生きていくための努力が別れる理由になるのだとしたら、その関係は何によって成り立っているのだろう。

もし、彼が会話をさえぎって、自分の被害者意識だけを主張する人だったら、方法は二つしかない。片方の努力だけでこれからの長い道のりを苦労して進んでいくか、この先の困難がわかりきっている旅をそこでやめるか、だ。

単純に考えて、「昨日運動してケガしちゃって、膝が痛い」と訴えたときに、「だから？　膝が痛いくらいで何言ってるの？」と言われたらどうだろう？

お互いのしあわせだけでなく、苦しみにも共感できる関係を築く必要がある。ケンカしても一つずつ理解して、自分から学ぼうとまではしなくても、彼女が教える知識に耳を貸そうとはしてくれる相手であれば、その関係は前向きにとらえられるのではないだろうか。

それすらしたがらなければ？　おそらく彼の問題は、単純なジェンダーに対する感受性の欠如ではないかもしれない。

結婚は「自由をめざす闘い」ではない

なぜかしょっちゅう彼に会いたくなって、会っているとしあわせだから付き合いはじめたのに、話をしていると徐々に冷めた気持ちになっていく。危険信号が点る。彼はたいしたことじゃないと感じているようだ。少し違和感があるけれど、いっぽうでは相手の健全な価値観を信じたい。

とはいえ、この先もっと長い時間を一緒に歩いていくには、お互いの価値観に向き合う必要がある。お互い相手に何を期待できるのかがはっきりしたとき、本当に結婚できる相手なのかどうかがわかる。

もちろん付き合っているカップル全員が結婚しなくてはいけないわけじゃない。自分の望むことを見つめて、愛する人と価値観をすり合わせたとき、一緒には生きていけない人だという事実を受け入れなくてはならないかもしれない。あきらめと犠牲でしか成り立たない家庭だったら、最初からつくらないほうがましだからだ。

結婚は愛する人と一緒になるための選択であって、精神的な自由、相手の気持ちを忖度《そんたく》しつづける感情労働からの自由、家族の序列からの自由を勝ち取るための過程であってはならない。そうした自由はわざわざ努力しなくても、もともと自分にあってしかるべきものだ。

「だから結婚しないのが正解」と考える人が増えている。違和感が目に見えている慣習のなかに飛び込んでいきたいとは思えず、かといって既存の不便な慣習を変えるのもくたびれるし、ゴールも見えないからだ。

だからこそ、性差別や、性差別による結婚の不合理さを根本的に変えていけたらと思うのだ。結婚の不平等な慣習を避けるためにやむをえず非婚を選ぶのではなく、個々の気持ちや価値観によって決められる世の中になってほしい。

どんなことでも、選択の理由を外側ではなく、自分の内側に見つけられるときにこそ、本当に自由に選ぶことができるのだから。

「女はいいよな」と言う相手と会話する

――「通じない相手」にわかってもらうのは無理？

夫に「結婚したら名節のとき必ず先に男の人の実家に行くのって、考えてみたらちょっとヘンじゃない？」となにげなく同意を求めたことがあった。

私たち夫婦は家庭内ではかなり平等にバランスよく暮らしていて、そういうことについてはよく話し合う。だからきっと「そう言われてみれば」とうなずいてくれるものと思っていた。

ところが「ヘンじゃないさ。もともとそうやってきたんだから……」という答えが返ってきた。えっ、だから「もともと」そうやってきたのがおかしくないかって言ってるんだけど。

伝統だから、みんなそうしているから、といっても妥当で正しいわけじゃない。

男は天、女は地とみなしていた儒教思想に基づいた韓国の文化のなかには、女性に不合理で不平等な伝統がとても多く残っている。

その根をいますぐ絶やすのはムリでも、そのことを一緒に疑ってくれてもいいのに。ひょっとすると、これまでの当然の権利を「おかしい」と認めた瞬間、その後の将来が変わってくることも認めなくてはいけないから、本能的に否定したのかもしれないけれど。

「ひどくない？」と聞いた直後に凍りつく

付き合っている人に、「こんなことがあったんだけど、ひどくない？」と、ごくあたりまえのように話して、思いがけない答えに驚くことがある。お互いの住む世界、世の中の見方、受け取り方がこれほど違うのかと実感させられる瞬間だ。

彼は、付き合ってまもない相手が自宅まで送ってくれたとき、階段の自動点灯ライトで部屋の階数を知られないように、自分の部屋より1、2階上まで上るようなことをした経験はないだろう。

結婚を控えた彼に「今度、キムジャンをするから家においでよ。うちの母親への点数稼ぎもかねてさ」と提案されると、どんな気持ちになるのかも知らないだろう。

そのことを説明しようとする彼女に、いいよと手を振ってこう答える人だったら、どう受け入れればいいだろう？

「でも、女は大変なことがあるとすぐ『女だからパス』って言うだろう。ビュッフェミニズム〔いいとこ取りの主張ばかりするフェミニズム〕って知らない？」

もちろん、そういう人もいるだろう。フェミニズムは男女の人権の平等を求める運動だけれど、それはただ一つの幹ではなく、枝分かれしたものもあるはずだ。

多くの男性が、男性中心のオンラインコミュニティや記事のコメントの論争から、フェミニズムを理解しているようだ。

誰もが情報を選択し、自分が聞きたい話に関心を向ける。それは男でも女でも同じだろうが、自分が見ているのが幹なのか枝なのかには気づく必要がある。

それに、ジェンダーの対立が最高潮にある韓国社会で、一つの事件や傾向だけで、お互いの主張を要約することはできない。

「フェミニズムは権利ばかり主張する自分勝手なもの」

「韓国の男は全員、女性嫌悪に陥《おちい》っている」

と頭のなかで前提をつくってしまっている人には、ほかの意見が見えなくなる。

だから、あなたが取捨選択している情報はフェミニズムの全体像じゃないんだよ。

フェミニズムを悪いものと決めつけて何も変えたがらない人たちが貼ったレッテルなんだってば。

「スルー」しつづけても行き詰まる

もし、女性の側がフェミニズムに関心があって問題意識を感じていたら、問題意識を感じていない男性と付き合いつづけるのはそもそも難しいと思うかもしれない。

でも、わかってくれないからと腹を立てていいものだろうか。

向こうの世界に残りたがっている彼をあえて引っ張り出さないといけないのだろうか。

どうしても自分が説得しなければいけないのだろうか。

そもそも考え方が違う人を説得するのは難しい。

女性の人権とかフェミニズムとかいうご大層な話題でなくても、関係が続けられないほど価値観が違うと感じたとき、いちばんラクなのは別れるという道だ。

もちろん困難な道のほうは、絶えず話し合おうと努力する道だ。

「もうその話はやめようよ。話すたびにケンカになるから」

そんなふうにスルーしてしまうカップルもいるだろう。

それでも、心の片隅にはどうしても気まずさが残ってしまう。最初から触れないのが次善の策かもしれないけれど、それは正解にはならないだろう。

二人は、世界から隔絶した場所に生きているわけじゃないからだ。

世の中の問題は二人にもじわじわと影響を与える。

世の中での男女の扱われ方に自分が苦しむことがあったなら、当然、親しい人と一緒に悩みたいはずだ。

このとき、相手が「自分とは関係ない」と言って、なかったことのようにしてしまったり、面倒だからと問題を黙殺しようとしたりするのであれば、一緒にいても孤立する。

相手がこちらの被害や苦しみにあまり触れたがらないのは、「関係ない」と距離を置きながらも、加害者の立場に理解を示し、黙認する気持ちがあるからかもしれない。自分も潜在的な同調者だとわかっているから、苦しいという訴えに気まずさを感じてしまうのかもしれない。

話を避けるのは「解決できない」から？

ジェンダーの話題は、単純な話では済まないことが多い。根底にある考え方や今後の方針などが、人生、とくに結婚後に経験する多くのことに、どうしても影響を与えることになる。

結婚前に彼の価値観に疑問を持ったとき複雑な気持ちになるのは、この先、付き合いつづけて結婚することになっても、彼は私を世間から守るために闘ってはくれないかもしれないとぼんやり意識するからだ。

それでもそのまま付き合いつづけることはできる。だけど、結婚となるとどうだろう。あるいは結婚してからそういう問題意識を持つようになったら、夫を変えられるだろうか。

人はそう簡単には変わらない。そして、これを相手のせいばかりにはできないのは、自分自身も簡単には変わらないと知っているからだ。

女性嫌悪が強く意識されるようになったのは、わりと最近のことだ。「いままでやってきたことは女性嫌悪だったのか」と夫婦で気づくことができれば理想的だ。

でも普通は、情報を得る窓口は夫婦で違うし、解釈も異なる。問題の体感温度が違うから、話題になっていることについて会話すると、まるっきり違った結論になったりする。

男性は、日常において加害者かもしれないことを認めたくなくて身構える。自分たちが受けてきた被害や不利益を思い出し、その時点で、理想的な変化を模索しようとしなくなるかもしれない。

自分の愛する人に降りかかっていることなのに、そういう姿勢を貫くのなら、いい関係を続けていけるかは疑問だ。

それぞれ別々の方向に歩いていたのをいったんそこで止まって、スタート地点に戻り、ゆっくりでもまた最初から歩き出すべきだ。一人の一方的な努力では限界があるという事実を受け入れて、お互いに深く理解し合わなくてはならないだろう。

もし、こうした話題について話すことが難しければ、まずその理由を探すのもいいだろう。

私が夫に、女性が受ける差別や嫌悪について、どうして恋人や配偶者は一緒になって考えてくれないんだろうと訊いてみたら、思いもよらない答えが返ってきた。

「自分で解決してあげられないからじゃない？」

これはミッションじゃないのに。大統領でも一人では解決できない問題なのに。個人で解決してほしいんじゃなく、ただ一緒に問題を認識して、不当なことは不当だと表に出せる社会になってほしいのだ。

もちろん個人でできることもある。女性嫌悪の実態を知って、それに加わらないようにすることだ。

これはフェミニズムの問題というより、意見が衝突したとき、どう解決するかという問題である。

ケンカにうんざりして、「もういい、やめよう」と問題を放棄することもできるし、専門家に相談すれば、相手を理解するもっといい方法があるのかもしれない。

でもいま私に思い浮かぶのは、「努力」という理想主義的な方法だけだ。

それでもそれは、一緒にいようと決めた二人にとって、正しい方向を指している標識板ではあると思う。

「男は子ども」というフリーパス
――堂々と「包容力」を求めてこようとは

結婚後、両家の親の小言はおかしなことに私にばかり注がれた。ちゃんとご飯をつくって食べなさい、向こうの親にときどき電話してあげなさい、年に一度は健康診断を受けなさい、無駄遣いしないで貯金して家を買わないと……。

そのなかでもいちばんヘンだなと思ったのは、義母からの「息子に○○しなさいと言っておいて」という小言だった。

結婚当初、義母は私を通して夫に言いたいことを言った。歯科に行けとか、父親に電話を寄こせとか、持たせてやった黒ニンニクを毎日食べろといったことを、私に伝えてほしがるのだった。伝言役を任されるのは面倒だった。私は苦笑いしながら義母に言った。

「自分でいいようにするんじゃないですか。私が言ったってやらないですよ」

夫は子どもじゃあるまいし、結婚して姑から夫の養育権を引き継いだわけでもあるまいし。誰かが母親代わりをすれば、夫にはいつまでも息子のままでいる権限が与えられてしまう。夫の面倒を見たり、小言を言って正しい方向に導いたりするのは、妻の役目ではない。大の大人だったら自分でやることだ。

ところが母親たちは、男は年を取っても子どもだと、ことあるごとに言う。だから世話してやってくれと言う。そこに含まれる意味は結局、もし何か問題が起こっても「女であるあなたが我慢してわかってやりなさい」ということなのだろう。

包容力を期待すると同時に、ある程度のあきらめをうながすような言葉だ。

不思議にも男たちはそう言われてもさほどイヤではないようだ。「男はそもそも子ども」という言葉は、すべての年齢で使用可能な男性用フリーパスだからだろうか。

男は子どもだから、褒めて持ち上げてやればいいとよく言われる。それが賢い女になる方法で、無難に結婚生活を続けるコツなのだとか。

べつにそんな方法で賢くなりたいとは思わないけど。

それにしても、なんで男に自信を持たせないといけないんだろう。女は自信を持たなくてもよくて、男に自信を持たせるために自分は卑下してもいいってこと？

実際、20代の女性でも、カップルでデート代を貯金するデート用通帳からお金を出したり、女性のほうが出したりしても、支払いの行為だけは彼に任せたり、「夫がやってくれたの」と夫を持ち上げたりすることがときどきある。自分より男性が優れているほうが、結果的に女性にとってもいいことのように思われてきたためだ。


でも、他人から認められて、経済力があって、家ではおだてられて自信まで持たせてもらえるのなら、私も賢い妻になるより、賢い妻をもらう側になりたい。

それでいいなら私のほうが子どもになりたい

夫とささいなことでもめて仲直りしたあと、なんだかもやもやして「なんでそんなに子どもっぽいの？」と夫の脇腹をつついたことがある。

すると、夫はぶすっとつぶやいた。

「男はそもそも子どもだって言うだろ……」

あきれてしまった。この言葉があれば、自分勝手な行動をいつでも弁解できるというのだろうか。何か言う気力がなくなりそうになるのをすばやく立て直して、きっぱり言い返した。

「私だって子どもだよ！　もういい、私もやりたいようにやる！　私が子どもになるから、あなたが大人をやってよ。私をなだめて、解決してよ！」

ずっと昔のことで記憶も曖昧だったけれど、子どものときのように、駄々をこねて、足をばたばたさせることも忘れなかった。夫はあきれたように笑いながら、結局は降参した。

子どものころは確かに何でも許してもらえた。そこまで記憶をたどらなくても、二十歳ごろまでは内心、自分が失敗するのがわかっていたし、社会に出たての私に、誰も完璧など求めていなかった。「初めてなので」「よくわからなくて」。そう言ってもまだ、若さや経験不足という理由で許された。

早く大人になりたかったし、大人になったいまは大人としての人生にとても満足しているけれど、もし都合よく選べるんだったら、私もやはり子どもになるほうを選びたい。子どもだというだけで、どんな理屈も通って、何でも許されるんだったら。

これに限らず「そもそもそういう人だから」という言葉を聞いて、肯定的に感じることはあまりない。そもそも一つのことに集中するとまわりが見えなくなるタイプなの。そもそもわがままだってよく言われるほうだから。自分のことをそんなふうに言う人たちには返す言葉がない。だからわかってくれということ?

私は直接的でも間接的でも、世間の人々に対するとき、ものわかりの悪いほうだとは思わない。

でも、身勝手であることに堂々と理解を求める人たちに対してまで、ものわかりのよさを発揮しようとは思わない。包容力や大人の態度は自分でそうしたいと思ったときに見せるもので、あたりまえのように求められて示すものじゃない。

寝ないことに罪悪感を持っていた

少し別の話をしてみようと思う。

郵 便 は が き

料金受取人払郵便

渋谷局承認

6631

差出有効期間
2022年12月
31日まで
※切手を貼らずに
お出しください

150-8790

130

〈受取人〉
東京都渋谷区
神宮前 6-12-17
株式会社ダイヤモンド社
「愛読者係」行

フリガナ		生年月日	男・女
お名前		T S H 年 月 日生 年齢 歳	
ご勤務先 学校名		所属・役職 学部・学年	
ご住所 (自宅・勤務先)	〒 ●電話 ( )　●FAX ( ) ●eメール・アドレス ( )		

◆本書をご購入いただきまして、誠にありがとうございます。

本ハガキで取得させていただきますお客様の個人情報は、
以下のガイドラインに基づいて、厳重に取り扱います。

1, お客様より収集させていただいた個人情報は、より良い出版物、製品、サービスをつくるために編集の参考にさせていただきます。
2, お客様より収集させていただいた個人情報は、厳重に管理いたします。
3, お客様より収集させていただいた個人情報は、お客様の承諾を得た範囲を超えて使用いたしません。
4, お客様より収集させていただいた個人情報は、お客様の許可なく当社、当社関連会社以外の第三者に開示することはありません。
5, お客様から収集させていただいた情報を統計化した情報(購読者の平均年齢など)を第三者に開示することがあります。
6, お客様から収集させていただいた個人情報は、当社の新商品・サービス等のご案内に利用させていただきます。
7, メールによる情報、雑誌・書籍・サービスのご案内などは、お客様のご要請があればすみやかに中止いたします。

◆ダイヤモンド社より、弊社および関連会社・広告主からのご案内を送付することがあります。不要の場合は右の□に×をしてください。　不要 □

①本書をお買い上げいただいた理由は？
（新聞や雑誌で知って・タイトルにひかれて・著者や内容に興味がある　など）

②本書についての感想、ご意見などをお聞かせください
（よかったところ、悪かったところ・タイトル・著者・カバーデザイン・価格　など）

③本書のなかで一番よかったところ、心に残ったひと言など

④最近読んで、よかった本・雑誌・記事・HPなどを教えてください

⑤「こんな本があったら絶対に買う」というものがありましたら（解決したい悩みや、解消したい問題など）

⑥あなたのご意見・ご感想を、広告などの書籍のPRに使用してもよろしいですか？

1　実名で可　　2　匿名で可　　3　不可

※ご協力ありがとうございました。　【フェミニストってわけじゃないけど、どこか感じる違和感について】109663●3110

20代のころに2年以上付き合った恋人とは寝たことがなかった。いまも私はあまり性欲がないほうだけれど、そのころはほとんどゼロに近かった。

彼はそうじゃなかったと思うけど、当時は若かったせいか、どちらもその話を真面目に切り出したことがなくて、よくわからなかった。

あのころ、彼の欲求に十分関心を払っていないことではなく、単純にセックスしないことに対して罪悪感があった。彼に申し訳なく、恋人としての役割をきちんと果たしていないような気がしていた。彼女と寝ていないと公言するのはやはり恥ずかしかったのか、彼は友だちには嘘をついていたようだ。

私は悩んだ。したくはないけど、義務として寝るべきか？　彼には私を求める権利があるのだろうか？

いっぽうで、私自身は恋人には十分な心のつながりと深い会話を求めているのに、私のその欲求がそこまで優先されているわけではなかった。疲れているから、その話をするとケンカになるから、自分のことでもないのに深く考えたくないから、みんなそうやってるから……と、私がしたい会話はあっさりと却下された。

彼がそのことに対して罪悪感を覚えたり、私の欲求を叶えてあげていないと、一度でも反省したりしたことがあるのかどうかはわからない。

　男性が性欲を感じるのは自由で当然のように思われている。健全な関係だけでなく、女性の意思を無視した性的関係が起こっても、原因は女性側にあるとされることも多い。男の性欲はそもそもそういうものだから、女性はそれを考慮して行動すべきなのだとでもいうように。

　男性の性欲については「そもそもみんなエロ動画を見て大人になるのだから」などと言って健全なものとして扱うのに、女性の性欲は長いこと「ありすぎてもダメで、付き合いが長いのに拒むのもダメで、表に出すのは恥ずかしいこと」として扱われ、抑圧されてきた。

　当時の私と似たようなことで悩んでいる女性に言葉をかけるとしたら、いま考えると、あのときムリに寝なくてよかったと思っている。お互いにしたい気持ちがあれば、いくらでも関係を持てばいいけど、彼の性欲に対する罪悪感からするのは違う。当時、彼と体の関係を持つにはまだ十分心の準備ができていなくて、私はそうしたいと思っていなかった。

男性の性欲がどれだけコントロールできないものかは私にはわからないけど、もし睡眠欲が強い人が職場で仕事もせずにところかまわず寝てしまったら、大目に見てあげる人はいないだろう。

私たちは動物ではなく人間で、衝動を抑えられなくてもあたりまえ、という子どもではない。ほしいものは一方通行ではなく、双方の意思を交えて決めるのが正しい。

本能のまま行動することを許され、誰かの世話に頼って子どもとして生きていくのはラクで簡単なことだけど、それでも大人は大人になるしかないのだ。

そんな責任、感じなくていいんだよ

――「役割分担」を一つひとつ考える

「まったく、部屋もきちんと片づけられないのに、誰がもらってくれるっていうの?」

「こんなに勉強しなかったら、誰もお嫁に来てくれないわよ」

主に思春期のころ、いちいち反抗する子どもたちを大人は冗談半分でそんなふうにたしなめていた。

女は「もらってくれる」人が必要で、男は誰かを「もらわなければ」ならなかった。女は生活力で自分の価値を証明しなければならず、男は経済力で女性に対する責任を取らなくてはならなかった。

女性が自分の家を離れて男性の家族のもとに行くというような表現自体、気に入らないが、何よりずいぶんと長いあいだ、私たちは配偶者を見つけることが人生の目標の一つと思って生きてきた。

独身はたいてい未完成の存在と思われていた。いつかは相手にめぐり合って結婚しなければならず、配偶者ができて初めて、大人になるための最初のミッションを終えることになるというふうに。

でも私は、恋愛を重ねるうちに、自分の満たされない部分は誰にも埋められないものだとわかってきた。

自分を成長させようという気もなく、誰かに依存してばかりいては、いつも虚《むな》しく、相手を疲れさせる悪循環が繰り返される。満たしてもらうどころか、焦りから自分らしさまで失われる。

相手が自分の足りなさを満たしてくれるのではなく、相手の存在によって自分が元気になれること。それが望ましい恋愛や出会いで、一人でもしあわせに生きていける満たされた状態のときに、より健全な恋愛や結婚が可能になる。


思えば私は、結婚を真剣に考えたことはあまりなかった。

一人でいるのも悪くない。一人旅を始めて、一人でいることがこんなに自由で気ままなのかと気がついた。

恋人に自分の理想を求めることがどんなにつまらないことなのかもわかったし、その人に変わってほしいと思うなら、別れるほうがお互いのためだと思うようになった。

私は自分がイヤだと思う態度を取らない人と付き合いたかった。私によって変わるのではなく、最初から完成された人。完璧という意味ではなく、そのままで私とパズルのピースがかちっとはまる人。一人でもしあわせに生きている人。

そうしていまの夫と出会った。誰かと一緒に生きるのも悪くないと思い、誰かと一緒に生きるならこの人がいいと思ったのだ。

「責任取って」は冗談に聞こえない

結婚したのは、私が27歳、夫が26歳のときだ。結婚するとは、もう一人ではなく二人になるということだが、それはつまり、「お互いにお互いの責任を持つこと」だとロマンチックに言われたりもする。

付き合っていたころ、よく結婚を口にしていた夫に冗談めかして「あなたが責任取ってくれるの？」と訊いたことがある。ドラマでもよく、結婚しようという意味で「僕が一生責任取るよ」と宣言するシーンがあるではないか。

そのときは、仕事を辞めるから稼いで私を養ってくれという意味で訊いたのではなかったが、意外にも夫はすぐに答えられなかった。その言葉が男性にとっては軽い冗談には聞こえないのだと、そのとき気づいた。

典型的な韓国で生まれ育った男である夫は、「責任」という言葉を簡単に聞き流せなかったようだ。

私は自分の仕事が好きで、彼に私の人生の責任を取ってもらう気はさらさらなかったけれど、その後は冗談でもそんな言葉を口にしなくなった。

結婚したからといって、一人がもう一人の分まで生きることはできない。私は彼がいなくても自分の責任は自分で持てるし、彼が私の分まで苦労したからといって、私がしあわせになるわけでもない。

むしろ、私はあなたが仕事を辞めても経済的に支える準備があると伝えた。

私たちは経済的な負担と家での生活面の負担を共同で担っていて、そのときに応じて適切な割合で分担している。

一緒に生きていくために必要な「お金を稼ぐための仕事」と「家事」。もしそれをおのおのが一つずつ受け持つことで合意したなら、それも一つの方法だろう。でも、その役割分担は、「男が稼いで女が家事」という公式に従わなくてもいい。

私がフリーランスで仕事をしていると言うと、結婚後はたまに悪意なく純粋にこう訊かれるようになった。

「ああ、それじゃあ結婚して会社を辞めたんですか？」

結婚という一つの人生のターニングポイントが、何かを決めるきっかけになることはあっても、その決定と理由は人それぞれだ。

女性が教育を受ける機会に恵まれず、結婚によって男性に養われるのがあたりまえだった一昔前とは違って、いまや同等に教育を受け、やりたい仕事を見つけることができる。

ならば、結婚したからといって、自分が選んできた人生を続けない理由はない。私たちはもともといまと同じ仕事をしていて、それを変える理由はなかったから、それぞれがそのまま同じ仕事を続けながら暮らしている。

「家でラクさせてやりたい」と言う男の妻はラクか？

先日、ある友人が泣くにも泣けず、笑うにも笑えないような顔で言った。

「デートのとき、お金を出すと彼が怒るの。礼儀とかじゃなくて、完全に本気で」

デート代を出し、関係をリードしたい彼の気持ちはわかるが、一方的なのは気が引けるということだった。自分も十分に経済力はあるのに、何かプレゼントすると気まずそうにする彼がもどかしいと言う。

友人の彼は相当男らしさを重視しているようだった。女にお金を使わせず、「スカートなんかはくな」と言うなど、女が男のために積極的な行動を取ることをよく思っていないようだった。

彼は男として自分がしてあげられる最善の行動を取っていると思っているのだろう。でも残念ながら、これは自然と彼女を受け身の立場に追いやっている。

お互いに気配りすることはいいことだが、女性を保護や鑑賞の対象として見ているだけでは、いつかその関係は行き詰まってしまう。お互いを完全に主体的な存在だと考える練習も必要だ。女性を一人では何もできない存在のように扱ったり、男に頼らせ、男を持ち上げさせたりすることで、自分の男らしさや相手の女らしさを確認する必要はない。

「僕は自分の彼女には苦労させたくないから、家にいてほしい」

結婚を想像するとき、一見甘い、こんな言葉を口にする男がいる。その心意気には感心するが、どういう生き方がしあわせかは他人が決めることではない。

しかもまだ出会ってもいない女性に、ラクをさせるために家にいさせてあげようとしても、本人がそれを望んでいるという保証はない。

それに、はじめからこの言葉には「家にいること」が「ラクなこと」という大前提がある。

そうなれば、ラクなほうが任されがちな雑多な仕事は、家にいる人が当然やるべきで、やったところでたいしたことじゃないことにされてしまう。

夫の両親への誕生日のお祝いや定期的な電話、キムチ《キムジャン》漬けの手伝いは、経済活動をする夫が忘れても許されるけれど、家にいる人にとっては真っ先にしなければならない重要事項になるかもしれない。でも、それらはすべて「自分たちの家庭」の外のことで、本来、二人で一緒に考えなくてはいけないことだ。

それなのに、「気楽に家で休んでいる人」がそれくらいもできなければ、「自分勝手な人」にされてしまう。

何よりお互いの合意がない、男性が家長、女性が支える役目という伝統的な価値観による単純な役割分担は、自然と権力のアンバランスを引き起こす。

結果は同じかもしれないが、「女だから、男だから」そうするのか、「自分のほうが得意なこと、やりたいこと」だからそうするのかによって、まったく異なる関係が築かれる。

古い価値観を一枚ずつはがしていく

夫が会社を辞めて転職したいと言い出した。

最近、会社の仕事がつらそうなのは知っていた。結婚すれば、相手が決めたことにどうしても影響を受けるので、話し合いが必要だった。

でも、私を理由に夫が我慢したり耐えたりする必要はない。二人とも自分で責任が取れる大人だし、責任を持つべき子どもがいるわけでもない。稼ぎのないネコが3匹いるにはいるけれど。

独身だったら誰にも気を使うことなく決めていただろうに、夫は会社を辞めることを迷っている様子だった。私は仕事をしていて、すぐには生活の心配はないというのに。

私は「あなたは家長じゃないんだよ」と言ってあげた。

「逆の立場だったら、私が仕事が大変でも我慢して耐えろとは言わないでしょう？

二人の関係で、どうしてもお金を稼がないといけないって負担を感じる必要はないよ。だって私は働くのが好きだし」

お互いの役目を決めつけないようにしようと何度も話をするなかで、夫は結婚当初の肩の荷を多少は下ろしたようだったが、それでも「男として」という修飾語をきれいさっぱり消し去ることはできないらしかった。

「男だから多く稼がないといけないような、家長の役目を果たさないといけないようなプレッシャーを、なぜか完全に消すことができないんだよね」

そう聞いて、彼のプレッシャーを軽くしてあげる前に、自然な疑問が浮かんだ。

「でもさ……その分、私にも嫁の役目を期待する気持ちがあるってことだよね」

「そうかもしれない、正直言って。だけど、そういう考え方は少しずつ改めていくよう努力しないとね」

私たちの文化に根強く居座る家父長制と、そこからくる性差別から完璧に自由になるのは難しいとわかっている。

だけど、快くは受け入れられない「女性」や「男性」、「嫁」や「家長」の役割を無理やり背負わされ、耐えていたら、私が期待していた未来は少しずつ失われていってしまう。

結局、昔からの足かせから自由になることが、どちらのためでもあるのだ。

お互いが相手に責任を持つ以前に、相手の人生の主体性と意思決定を尊重することができれば、私たちはもう少し自由になれて、自分のままで生きていける。

ごく一般的な韓国人の男女として生きてきた私たち夫婦にとっては、簡単なことではないけれど、長い歳月をかけて塗り重ねられた、なかなかなくならない厚い層を一枚ずつはがしていきたい。

フェミニズムに怒る人たち
──「もっとやさしく話す」なんてできません

結婚した夫婦間でも、社会的なイシューについてのお互いの考えや価値観は、どうしても重要な問題になる。相手の違う見方を理解できることもあれば、自分では考えつかないことから学ぶこともある。もちろんぶつかってもめることもある。

新聞を読んでいた夫が、印象的な事件や事故をなにげなく読み上げたことがあった。男が女に罪もないのにだまされたんだって、フェミニストがこんなことをしたんだって、というような話だった。

最初は何とも思わずに聞いていたが、ふと、釈然としない思いが込み上げてきた。

「それにしても、なんでそんな記事ばっかり目に入るの？」

「え？　いや、ただ最近そういうことが多いだけで……」

おそらく男女の対立的な構図に対する人々の関心が高まっているから、メディアはそういった記事を目につくように配置しているのだろう。

そして、夫はおそらく、道徳的とは言えない過激なフェミニズムや男性の味方をしたくなるような事件に目を向けることで、フェミニズムが主張する普遍的な問題から目をそらし、韓国の男として生きている自分を守っているのだ。

「あのさ、私が夜遅く外を出歩いたり、一人でタクシーに乗ったりすることが危険だっていうような、そういう昔からある問題にも、ちょっとは関心を持ってくれてもいいんじゃない？」

私たちは、女性を性的なモノとして扱う表現や性的暴力、性犯罪などの事件を呼吸するように見て育ち、もはやそれを特別なこととは感じなくなっている。それは社会の一部となり、女性に日常的に恐怖を抱かせている。数多くの隠し撮りや、職場内のセクハラなどにいたっては、報道されないどころか、話題にすらならない。

ところが、そのあらゆる「女性嫌悪《ミソジニー》」に対して、対岸の火事のように一貫して無関心な態度をとりつづけてきた一部の男性がいま、怒っている。

女性はなぜ柔らかくものを言わなくなったのか。なぜ暴力的な荒々しいやり方で声を上げようとするのか。頭がおかしいだのイカれているだのとまで言って、女性の人権について知ろうとしないどころか、耳を貸す気もない。

女性嫌悪の言葉を逆に男性に当てはめた「男性嫌悪《ミサンドリー》」の言葉が倫理的に正しいとは言えないだろうが、男性の立場からそれを単純に暴力やテロと決めつけることには私は反対だ。女性が行っている一種の抵抗運動については、社会的な文脈も踏まえてとらえる必要がある。

いままで男性は親切なフェミニズムに耳を傾けてきたことがあっただろうか。にこやかに話していたときは耳を貸そうとせず、多少、乱暴なミラーリング〔女性へのヘイトをそのまま男性に置き換えた手法」が登場してからようやく注意を向けて、怒り出したのではないか。

「ミラーリング」で激怒する

男性はなぜフェミニズムを「太った不細工な女たちのひがみ」だと思いたがるのだろう。ただ「かわいくない女性たち」「太っていて不細工な女性たち」が、〝まともではない〟人権運動のフェミニズムをやっているということにして、こき下ろしたいのだ。

女性アイドルが『82年生まれ、キム・ジヨン』を読んだからと怒る理由もここにある。きれいで従順な女性に、フェミニズムという〝まともではない〟マネをされては困るのだ。

でも彼らのこの意見はつじつまが合わない。

まともな男だったら、女性の人権を向上させることに目をつむって耳をふさいで拒否する理由がない。自分の母、姉、妹、彼女が生きやすい世の中をつくるのに何の問題があるというのか。これまで一般的な男たちが知らぬ間に加えていた差別と嫌悪を認められないだけなのだ。

フェミニズムが女性嫌悪に反対するだけで終わらず、ミラーリングをしはじめたことで、彼らは一層攻撃を強めだした。「かわいげがない」と指摘すればするほど、自分たちがしてきた嫌悪を正当化できるからだ。

女性優越主義を唱えるWOMAD《ウォマード》などのサイトがテロ志向のフェミニズムを見せていることも事実で、そうした動きに対する反発は常識的な範囲で理解できる。

ところが、これまで女性について言われてきたことをそのまま引っくり返して男性に置き換えて表現したところ、これまで男性が当然のように気軽に行ってきた女性嫌悪のことは顧《かえり》みることもなしに、「女のくせに」とますます女性を抑え込む方向に火がつきはじめた。

その「正しいフェミニズム」ってどんなもの？

一部の男性はフェミニズムを一種のテロリズムのように思いたがっている。

実際にテロ志向のものもあるけれど、それを絶対的な悪だと断定できないのは、そうした過激な声によって、習慣的に続いてきた女性嫌悪にようやく関心が向けられたからだ。

「フェミナチ」と呼ばれる過激なフェミニズムが男性に及ぼす被害は、女性が日常的に感じる恐怖に比べれば、どれほどのものか。力が弱いという理由で女性が無差別犯罪の対象になることと比べれば、男たちがたんに不快だと感じることなど何ほどのことだろう。

もちろんフェミニズムが男性嫌悪に向かっているのは正しくないと思う。性別に関係なく、セクハラをしたり、悪口や暴言を吐いたりすることは正しい意思表現じゃない。

でも、男性が「こんなフェミニズムは受け入れられない」「違うかたちのまともなフェミニズムにしてくれ」と間接的に主張するのも、やはり認めがたい。

彼らの言うまともなフェミニズム、正しいフェミニズムというのはどんなものなのか、まず考えてみよう。

男性は、居心地の悪いフェミニズムを拒否し、おとなしくて従順なフェミニズムを望んでいる。まともな女性と、そうでない女性を男性目線で分けている。髪を短くせず、やさしく話を聞いて、男を尊重してくれるフェミニズムを求めている。

彼らは相変わらず、既得権益層の権威的な目線で、許されるフェミニズムとそうでないフェミニズムを判断しているのだ。

違法な猥褻物《わいせつぶつ》を取り締まるという記事に対するネットのコメントで、最も多く同意を得たのはこんな意見だった。「違法猥褻物を取り締まったら、性犯罪が増えるだけだ。やれるもんならやってみろ」

フェミニズムが怒りを見せてはいけないのであれば、こんなコメントに共感する人たちに対抗できる言葉はなくなってしまう。

「男を一緒くたにするな」という言い分

盗撮に反対するフェミニストの抗議集会を見た友人の夫は、男性全員が犯罪者扱いされているようで気分が悪かったそうだ。友人は、理由ははっきりしないけど、それに同意できなくてモヤッとしたという。

それぞれのこのわりきれない気持ちはどこからきているのだろう。

女性の多くが公衆トイレに行くたびに隠しカメラがないか不安に思う。男性がそのことについて問題提起したことなどあっただろうか？　問題意識も持たずに隠し撮りの映像を見てはいなかっただろうか？

これまで性犯罪について何とも思ってこなかった人たちが、「盗撮する人もそれを見る人もどっちも犯罪者」という攻撃に、ようやく気まずさを感じ、「自分は違うのに、どうして男全員を犯罪者扱いするんだ」と悔しがっている。

私の夫も「何もしていないのに普通の男たちまで隠れ犯罪者のように扱われるのは悔しい」と理解を求めようとしてきた。

でも、すでに最初からフェアな関係が築けていない状況で、中立を守りじっと突っ立っていた無関心な男たちも、そのアンフェアな状態に同調していたといえるのではないだろうか。

犯罪者扱いされるのがイヤだと思う前に、盗撮はダメだと一緒に思ってほしいのだ。加害者の性別に関係なく、よくないことに対して一緒に怒るのはあたりまえではないのか。

知らなかったというのもあるだろう。だけど、これまでの沈黙を攻撃されているいま、反発して怒るべき相手はフェミニズムではなく、長いこと貫かれてきた不平等だ。

「男たちはフェミニズムに怒っているけど、じゃあ、女性の人生のために、いったい誰が怒って、声を上げてくれるの？」

「……僕が怒ってあげるよ」

夫はじっくり考えてそう答えた。それを聞いてようやく、私たちがほんの一瞬だけれど同じ世界に足を踏み入れた気がして、少し安心した。

「好意」と「セクハラ」の違いもわからないんですか？

――ミートゥーを冗談にする意図

最近「ミートゥー運動の裏側」という記事を読んだ。ミートゥー運動が起こってから、男性の管理者たちが女性へのメンタリングを避けているという内容だった。

ミートゥーのせいで、テーブルをはさんで一緒に座るのも、一緒にコーヒーを飲むのも、言葉を交わすのも慎重になったというのだ。たんに仕事上の会話だと考えれば、向かいに座る女性の告発を恐れる理由などないはずなのに。

この記事に「セクハラしないのがそんなに難しいことなのか」というコメントがつけられると、今度は「セクハラどころか男から見向きもされないくせに、なにカッとしてるんだ」というコメントがついた。

ミートゥーのおかげで職場の男性がねちっこい視線を向けてこなくなったとしたら、それは残念なことじゃなくて喜ぶべきことだ。

どうやら一部の男性は好意とセクハラをごちゃまぜにしているようだ。

誰でも人に好意を抱くことはあるだろう。でも、好意を表したらセクハラになるかもしれないと感じるのなら、そもそもその好意の表し方は間違っているということだ。これまでは、そんな好意を装ったセクハラがあたりまえに横行してきたのではないだろうか。

「つまらないことで騒ぐなよ」という暗黙の警告

ミートゥーは、セクハラや性暴力の経験を公表し、こうしたことがどれだけ公然と起こっていたかを伝えるハッシュタグ運動として始まった。

それまでは被害者のほうが萎縮して隠れていたが、被害の実態を暴露することで、少しずつ加害者にスポットが当てられるようになった。

必ずしも有名人による大きな事件だけではなかった。政治、芸術、スポーツ、放送関係者の問題ではなく、普通の社会人が、いましがた経験したばかりのことだったりした。

これまで黙認されてきた性犯罪を社会的弱者がようやく拒否し、暴露しはじめたわけだが、それに対する反発で、女性嫌悪はさらに深刻さを増している。

ミートゥーのせいで女性に声もかけられなくなったと、ミートゥーを発信する人たちをむしろ過敏な社会不適応者と決めつける人たちまで出てきた。

うっかり性犯罪者と誤解されてはたまらないと「女性とは一緒に食事しない」とい

う主張をする人、「同じ空間で女性と仕事したり、食事したり、言葉を交わしたりしない」と女性を排除する姿勢を見せる人もいた。

それは「ペンス・ルール」と呼ばれるものだ（妻以外の女性とは二人きりにならないというペンス米副大統領の発言にちなんだもの）。

ペンス・ルールを実行しようという人たちは「自分はセクハラなんかする気はないから、やましいところはない。はなから女性を排除することで、それを証明してみせよう」というつもりなのかもしれない。

あるいは「女たちが敏感になりすぎて、罪がない自分まで被害を受けるかと思うと不安だ」とでも思っているのだろうか。

そうではないはずだ。これまでどれだけ気軽に日常的にセクハラが行われていたか、自分たちもわかっているはずだ。そんなつもりがなくても、うっかりセクハラをしてしまうかもしれないのが怖いのではないか。それにもかかわらず、「ずるくて卑怯な女なんかに構ってられるか」とあえて開き直ってみせているようにも見える。

一部では「ミートゥーがあるから、会食で同席はNGだな」「コーヒー入れてもらおうかな。あ、これもミートゥーだっけ？」とミートゥーを軽い冗談として使う人たちもいる。

彼らの「ミートゥーだから」という言葉には、「女性に近づくのも、食事を一緒にするのもダメなんだろう？」とばかりに、あえてその言葉を羽のように軽く扱おうとする皮肉が込められている。

ミートゥーを真面目に受け入れるのをそれとなく拒むことで、「まさかこれくらいでミートゥーだなんて騒がないよな」「つまらないことまで大げさにしたら、笑いの種にされるだけだぞ」と警告しているのだ。

冗談めかして、内心で認めている

実際、ペンス・ルールが通用しているのは、男性が社会的優位にあるからだ。彼らは、女性を性的なモノとして扱ってもよく、気に入らなければ追い出せると考えている。どちらも女性の意思は考慮されない。

とくに職場では、男性を告発する女性に対し、ペンス・ルールという女性排除の姿勢を使って復讐しているように見える。役員が全員女性の職場だったら、男性社員はペンス・ルールを主張できないだろう。男たちにとっては相変わらず女性は社会的弱者なのだ。

ペンス・ルールを、まるでいちばん安全で潔癖な、悪女の扱い方のように言うのには、また別の理由もある。

「ミートゥーが心配だから、業務連絡はメッセンジャーで」「ミートゥーがあるから一緒に食事できない」という、冗談とも本気ともつかない言い方からは、以前は意図せずにさまざまなセクハラが行われていたことがわかる。

これは「これまでもセクハラをするつもりはなかったが、意図とは関係なくセクハラになっていたかもしれない。だから、これからは最初からそういう要素をつくらない」という意味だからだ。彼らは自分もなりえた加害者に感情移入している。

そういう言い方が結果的にセクハラの加害者をかばっていると、本人たちはわかっているのだろうか。

女性が全員悪女ではないように、男性も全員セクハラや性暴力の加害者ではない。人を性的に不快にするつもりがまったくないのなら、自分も加害者になるかもしれないと考える必要なんてない。

女性社員と食事をしたら告訴されるという、その安易な考えに対して訊きたいものだ。なぜ女性に「誤解」されると思うのだろう。性的な羞恥心を抱かせる気がないのに、なぜ勘違いされると考えるのか。

それは女性を安易に性的対象と見ていた世の中の雰囲気に、自分も染まっていたからではないだろうか。そんな気持ちが自分のなかにあるのを知っているから、うっかりやってしまうことを避けようと、接触そのものを警戒しているのではないか。

それならば女性を遠ざけずに、これまでの態度を見直し、一人の人間としての女性への接し方を考えればいいのだ。

誤解されそうなことをするから誤解される

ミートゥーにペンス・ルールで対応する雰囲気が広がっているのは、「自分もミートゥーの加害者とそんなに変わらない」「自分も加害者になりうる」という共感から出てきた、危機意識の表れではないだろうか。

「セクハラする気なんてさらさらないのに、誤解されたらどうしよう」と。

これまでの女性への接し方が体にしみ込んでいる人が、既存の価値観のまずさに気づいてそのすべてを取り除くようなことはできない。それは私たちもうっすらとわかっている。

いまは男性だけに矛先を向けようというのではなく、女性も必要な変化は何なのかを少しずつ知り、変えていくステージにある。ミートゥーはその運動の過程でもある。

ふと口にした言葉がジェンダー平等に反したり、女性嫌悪発言になったりすることが怖いのなら、さらに強い女性嫌悪で排除するのではなく、これまでの考え方を一つずつ正していけばいいだけのことだ。

ところが、間違っていたとは言わずに、変える気がない価値観はそのままで女性を排除するというのが、いまのペンス・ルールだ。これでは間違いに気づいていながらも、既得権を強化することにしかならない。

女性を遠ざけることで、誤解の余地をもとから断つという方向では、ちっとも前に進んでいけない。常識的な線で、人格を尊重して接する努力をするというのは、そんなに難しいことではないはずだ。

人と人が食事をして、会話し、ともに働くことには何の問題もない。誤解されそうなことをするから誤解されるのだ。女性と一緒に食事しないと口にすることが、どれだけ自分の未熟さを示す恥ずかしいことなのか、ペンス・ルールを主張する前に考えてみてほしい。

文明社会の「ジャングル」のような部分

――男性には見えない世界

先日、夜遅くまで友だちと飲んで、深夜2時すぎにタクシーに乗った。夫はときどきタクシーや代行サービスの車のなかで眠ったりするようだが、飲んだ帰りのタクシーで眠る女性はそう多くないだろう。このときだけはできるだけ正気に戻って、しっかり目的地を告げる。

タクシーの運転手は出発するとすぐ、私をじろりと見て言った。

「飲んできたみたいですね」

「はあ、友だちと……」

「何歳？」

「え？　30代ですけど……」

「へえ、若く見えるね。僕は34だから、年が近いね」

すると運転手は、自分は仕事を掛け持ちしていて何の仕事をしている、結婚してるとは残念だ、また会いたければこの辺に来ればいいのかなどと、ぺちゃくちゃとしゃべりまくった。

そのとき私の頭に浮かんだ二つの考えは、この状況がものすごく不愉快だということと、運転手の気分を害さないようにしようということだった。

私は家の近くまで来ると無理してぎこちなく笑い、ここで降ろしてくれと告げた。運転手はどうしても家の前まで行くと言って、車を小路に走らせた。

「ここ、ここで降ろしてもらえればいいです」

タクシーから降りるとようやくほっとした。私は家庭で、会社で、社会で、自分が思っていることを表に出してすっきりするタイプだけれど、警告ランプが点滅したときは、逆に何にでも相槌を打って意見を言わずに笑うだけの人になる。

理性的な人たちのあいだにいれば、私も人格を持つ人間になれるけれど、危険な状況では、走ることもできない草食動物になってしまう。

物理的に「小さい」という事実

自分が生きている世界が文明社会だというのが信じられないくらい、力の論理は強く、独身の女はそのなかでも最弱だ。

独り暮らしの部屋にデリバリーしてもらうとき、うとうとしていてドアがガタンと鳴るとき、夜中にタクシーに乗ったり、閉ざされた空間でたまたま男性と二人きりになったりしたとき、私の意志は力を失う。

日常でいくらでも遭遇しうる数多くの危うい状況のなかで、怖い思いをしたときは、被害者になってから「笑ってくれたから」「言うことを聞いてくれそうだったから」「好意を拒まなかったから」といった矢を突きつけられないように警戒しなければならない。

女性の5人に1人が、公共交通機関で痴漢に遭った経験があるという。市内バスで眠っていたら太ももをなでられたとか、地下鉄でお尻を触られている気がしたというのは、女性のあいだではもはや話題にもならない。

痴漢から女性を守るために、女性専用車両や女性専用の駐車場が登場したが、男性は自分たちも勘違いされたくないから男性専用バスや車両もつくれと主張し、大統領府宛てに請願まで出された。たんに男女の空間を分けても根本的な解決にはならないのに、ただ男女を逆にして当てはめただけという驚くほど単純な主張だ。

もちろん、男性のほうが犯罪を行う可能性が高く、女性は潜在的な被害者だと考えるのであれば、男性専用車両をつくって潜在的な加害者を隔離してもらったほうがいい。なぜ被害者のほうが逃げまわらないといけないのか？

逆に見れば、女性専用の空間というのは、男性の日常はそのままで小さな禁止エリアが一つできただけだ。女性にとっては、自分の身に降りかかるかもしれないことを前もって避ける、小さな可能性が一つ開けたにすぎない。

フェミニズムがしばしば生存権について語る理由は、それが権威の側に偏《かたよ》っているからだけでなく、物理的に不利があるからだ。

男同士でもそうだが、体が小さくて力が弱い者は暴力の対象になりやすい。そのため、女性はデートDVや夫婦間でのDVの被害者になることがたびたびある。

これは子どもにも同様のことが言える。子どもたちがなぜ虐待されるのか。小さくて力が弱いから、子どもを虐待する大人のほうが力が強くて卑怯《ひきょう》だからだ。

もし幼いほど体が大きくて力が強かったら？

女性が男性より背が高くて筋肉質だったら？

それでも子どもを殴ってしつけ、女性を簡単に犯罪の対象として見るだろうか。

女性だからではなく、弱者だから、動物の世界のように、ジャングルに生きるかのように、周囲をうかがって上手に隠れないといけないのだ。

弱者として生きるよりも「怖い」こと

物理的な弱者として生きることも怖いけど、「社会やまわりの男性たちは、女性のこうした日常的な恐怖をわかっていない」とふと気づくとき、より大きな恐怖を感じる。

男性からなにげなく発せられた一言ひとことに注意してみると、男たちが加害者の立場に立っていることが簡単にわかったりする。

「このまえ友だちがスクールセクハラに遭ったんだって」

そういう話を聞いたら、私たちはまず被害者を心配したり、加害者の行動を非難したりしなければならない。

ところが「心配ないさ、君の顔は安全だから」「その子かわいかったんじゃない？」などと茶化すような場面をいくらでも目にする。

男性が心配してくれても女性自身が「心配ないわよ。誰も私なんかに手を出さないから」と笑い飛ばしたりする。

かわいい子だからそんな目に遭いやすいんだという賞賛、不細工な女は性暴力とは無縁だという皮肉は、どちらも女性嫌悪だ。

「一緒に飲んでて酔ったんだから、同意したも同じだろ？」

「その女の子、かわいかったんだろ」

「だからミニスカートはくなって言ったのに」

被害の事実を告発してもこんなふうに言われて、問題を直視してもらえなければ、解決策を見つけることはおろか、被害者として声を上げることすら難しくなる。

弱者が主張する平等、女性が主張するフェミニズムは、一段階ごとに壁にぶちあたってしまうと思うと、気が遠くなる。

男女の「あたりまえの世界」の違い

最近、性犯罪やミートゥーについて話すと、夫との会話が妙にぎこちなくなることに気づいた。私は一緒に怒ってほしいのだが、夫は他人事のように距離を置いている。確かに他人のことではあるけれど、それはいつ自分に降りかかってきてもおかしくないことだ。

でも、夫はとりあえず自分の妻とは無関係の話だと思っているようで、間違って自分に矛先が向かないよう、防御しているようだ。まるで自分がやったとか、やる可能性があると批判されているかのように。

何もしていない男たちまでが非難されているように感じて、ただ悔しいということなのだろうか。

夫がそれとなく女性側に原因を探ろうとしたり、「なんでそんなこと、僕に話すの」と一歩引いたりすると、毎回複雑な気持ちになる。夫と同じように平凡に生きている一般男性が、この問題をどう感じているのかわかる気がするからだ。

人は自分の経験をもとに世の中を見る。

男は酒を飲んだあとよくタクシーで寝るとか、タクシー代を現金で払わなくても文句を言われないという話を聞くと、女は驚く。女性側の話をすると、そういう世界を知らない男たちも驚く。これはニュースに出てくる話じゃない。こうした日常での不快な経験の差が、自分にとっての「あたりまえの世界」をつくっていく。

もちろん、男たちが悔しがるのもわかる。自分はそんなことはしないし、悪い人間じゃない。イヤな思いをさせるつもりもないのに、なんで加害者予備軍みたいな扱いをするんだ?

でも、そう訊く前に、女性がどんな世界に生きているのか、一度考えてみてはどうだろう。女性が安全に過ごせる世界を一緒につくっていってもらうことはできないだろうか。

「沈黙」という二次加害

日々、数多くの犯罪が起きているが、とくに2018年後半は、人々の怒りを買った残忍な事件があった。

インターネットカフェで男性がささいなことでいちゃもんをつけられて殺された。残酷な刺され方で、担当した医師が「恨みがなければこんなふうには殺せない」と怒りを抑えきれずに語ったほどだ。その事件に夫は「ネットカフェに行くのがなんだか怖い」と顔をしかめた。

いまやあたりまえのようになったセクハラや性暴力ではなく、ネットカフェでの残酷な殺人を見て、現実的な恐ろしさを感じた人が多かった。主に女性が狙われる性暴力とは違って、日常的な空間で誰にでも起こりうることだったからだ。

「虚偽告訴罪」〔虚偽の被害で告訴する犯罪〕への男たちの反応もこれと似ている。セクハラは軽く受け流し、性暴力の二次的な加害者になることも気にしない男たちも、虚偽告訴罪に対する処罰は重くすべきだと強く主張する。

「自分がやるかもしれないこと」と「自分がやられるかもしれないこと」の違いだと言ったら、言い過ぎだろうか。

犯罪が起こったとき、それが起こらざるをえなかった避けられない理由を探して、犯罪者をかばう必要はどこにもない。

でもセクハラや性犯罪については、自分が被害者より加害者に近いと感じ、理由も想像できるから、かばうような発言をするのかもしれない。性犯罪の重さを深刻に受け止めず、問題の原因を知っても沈黙することで、誰もが二次的な加害者になりうるというのに。

人は自分の身近なことに関心を寄せる。ペットをかわいがる人たちは捨てられた動物の保護施設を支援し、病気で家族を失った経験があればその病気の治療薬の開発に協力しようとする。幼いときに虐待された人は子どもの人権擁護のために努力しようと思うのが人の心だ。

私は動物ではないから動物虐待を受けた経験はないし、子どもではないから児童虐待の被害にも遭わないが、私もまた弱者になりうるという事実を知っているからこそ、彼らの味方になりたいと思う。

性犯罪も、男性にとっても自分の家族には起こりうることだ。自分がそんな目に遭っていないから別世界の話だと決めつけることはできないのだ。

だから、性別が違うという理由で誰かが危害を加えられたら、一緒に怒ってほしい。弱者への理解、共感を少しだけ広げて、犯罪の原因が被害者にあるなどと思わないでほしい。

そのことについて話すとき、私は夫を非難しているわけじゃない。私はただ、一緒に、悪いことをした人を悪いと思いたいのだ。

私は「最近おかしくなった」人ではない

——ネコのしつけから政治まで

政治が自分の人生に初めて関わってきたのは、高校の「社会探究」の科目にいきなりそれが登場したときだ。授業は熱心に受けたように思うが、何を学んだかはさっぱり覚えていない。そのときはまだ、私にとって政治というのは大人の問題にすぎなかった。私には、テストで最も正しそうな文章を選ぶことだけが重要だった。

ところが20代半ばを過ぎるころ、いつしか友だち同士で会っても政治の話をするようになった。ある時点から、政治はもはや新聞を覗き込む大人たちだけのものではなく、私の人生の一部を占め、実際にぶちあたる生活上の問題との関係で、自分なりの意見を持たざるをえないものになった。

議論をするときは、仕方なく妥協することもあったが、屈しないよう踏ん張ることもあった。大人になり、自立した一人の人間としての役割を果たしていくほど、さまざまな政策を肌で感じるようになった。

政治に関する話題は、なぜつねにデリケートなのだろう。なぜ家族でも政治の話はするなと言われるのだろう。

政治というのは、たんにある政党を支持するかどうかということではなく、世の中の流れを見る基準であり、その人の根幹をなす重要な柱の一つだ。

自分が信じて期待する世の中の根幹を否定する人や、共有できない人とはどうしてもぶつかってしまう。自分の意見ではなく、まるで自分の存在が否定されているかのように感じるのかもしれない。

居心地が悪くても話すしかない

先日、友人が仕事の昼休みに屋外でランチを食べていたところ、近づいてきた年配の人に「おまえたちがあんな大統領を選んだから国がこんなことになったのに、メシなんか食ってる場合か」と怒鳴りつけられたという。

私が知る限り、初対面なのに、ためらうことなく人が怒鳴ってくるとき、その理由は二つしかない。宗教か政治だ。大事に思う価値観が根幹から異なる人たちと意見を交わし、互いの意見を共有するのは現実的に非常に難しい。黙ってそこから遠ざかるしかない。

でも、配偶者にはそういうわけにいかない。

夫と政治に対する見解が正反対だったら、どうだっただろう？　正直よくわからない。

いまはどちらも明確に支持している政党はない。「今晩何食べようか」のようにしょっちゅう切り出すテーマでもない。にもかかわらず、もし政治的見解が異なっていたとしたら、おそらく心の片隅にある居心地の悪さを完全に払拭《ふっしょく》するのは難しかったと思う。

きっと夫もそうだろう。政治的見解というのは、世の中をどう見るかの違いを目に見えるようにした一種の仕掛けなのかもしれない。

なにも政治でなくても、人の価値観は個々人によってさまざまな領域で違う。

身近なところでは、私たちはペットの接し方一つとっても正反対だった。うちにはネコが3匹いるのだが、力ずくで押さえてしつけようとする夫を見るたび、私は驚き、がっかりした。

夫は、ネコが私のカップに足を入れようとしても私が放っておくのを見て驚愕した。

夫は私が変わっていると思い、私は夫を（申し訳ないが）野蛮だと思った。

どちらが正しくてどちらが間違っているという話ではないけれど、二人で家庭を築いて一緒に暮らしていくためには、ある程度の合意点を見つけなくてはならなかった。

夫は話してわからない人ではないし、ネコでもないし、私と一緒に生きていくと約束した配偶者だったから。

生き方も考え方も違ってあたりまえ

私と夫が世の中を生きていく方法や、世の中の理解の仕方が違うのは当然だ。

それぞれ別の親のもとに育ち、互いに違う先生や友だちに出会って、興味を抱いて深めてきた分野もまったく違うのだから。

生まれたときからいっぽうは男の子として育てられ、いっぽうは女の子として生きるようにしつけられてきた。一見して明らかな身体的な違いよりも、さらに大きな価値観の違いが、私たちのあいだにはある。

私たちが、社会におけるお互いの性役割の大変さを簡単に理解できないのも仕方のないことかもしれない。自分にとってはごくあたりまえのことでも、相手にとってはよくわからないということがたくさんあった。

私が本能的に感じる、住む場所の不便さや怖さは夫には理解できなかった。

たとえば、独り暮らしの部屋を選ぶとき、男は便利さとスペースを中心に見るけれど、女は家までの帰り道に街灯があるかをチェックするといったようなこと。
また、仕事先できれいだと褒められたり、にこやかな女性社員のほうが喜ばれたりすることが、私の居心地の悪さにつながる可能性自体、想像できないようだった。

私が夫と暮らして驚いたことの一つが、私にとっては気に障る言葉も、夫にとってはそこまで気にならないということだった。

妻を笑い者にしたり、厳然と存在する女性嫌悪を傍観したりするようなあらゆる冗談が、夫にとっては、たいしたことのない日常的なものだった。

そうした小さな日常的な問題に直面するたび、私は夫にとって「大げさな人」になり、私は夫にがっかりさせられた。私にとってはあたりまえのことをなかなかわかってもらえないことがもどかしかった。

以前の世代とは違って、女性との競争に負けるという経験を実際にしてきた、軍隊で2年を過ごした20代の男性はとくに、性差別を実感できないことが多い。

分厚い壁の向こうの女性が生きてきた世界を経験したことがない男性は、「いったいどこに差別があるんだ」と言う。

目の前で女性が不便さと不安を突きつけて説明しても「それがどうして大変なのか」と首を傾げたりする。単純な言葉の裏に隠された意味など、理解する必要のない人生を生きてきたということだろう。

「不満がない」人は考えられない

女性の苦しみに無関心な男性も、自分の未来のことかもしれない不安には鋭く反応する。

たとえば、実際には適用されてもいない公務員採用時の女性雇用クオータ制〔女性を一定の比率で雇用する制度〕で不利益をこうむっていると思い込んだり、結婚どころか就職もしていない20代の男性が、男は結局ATM、気の毒でかわいそうだなどと家長の責任の重さに同情したりする。

さらに、ベビーカーの赤ん坊連れでコーヒーを飲んでいる母親は、夫の稼ぎで食べて遊んでいるママ虫〔遊び好きで責任感のない母親を指す蔑称〕だと非難の対象だ。

旧世代を見て学んだ被害者意識と、ネットに根付く女性嫌悪が入り混じった、その人が見たいだけの真実を、どこから正せばいいのだろう。

多くの男性が、自分の恋人は愛しているいっぽうで、同年代の女性が味わっている、時代が変わっても相変わらずのセクハラや外見重視《ルッキズム》については実感できずにいる。だから、女性の人権向上運動など必要がなく、男から何かを奪おうとするだけのものだと感じるのだろう。

持っているものを奪われる可能性がある人は、話し合いを避け、怒るというやり方で問題を解決しようとする。

名節は別々に過ごそうと夫と約束したあとに、それとなくもう一度妥協を求められたことがあった。

そのとき、自分がそれ以上もう話したくないと思っていることに気づいた。

そっか、現状に不満がない側は、あえてエネルギーを注いで状況を変えようとする必要がないんだ。だから、夫は私が問題提起するたびに話をそらすんだ。

でも、二人がまともな関係を築いて生きていくためには、そのしたくないことをどうにかやっていくしかない。

フェミニストは「ごく普通の人」

フェミニズムのことでケンカしたことがあるカップルなら、彼にこんなことを言われたかもしれない。

「最近、フェミニズムだか何だかのせいでそんなことばかり言うの？」

あるいはもっと多くの意味が含まれた一言、「君はフェミニストなの？」。

この利己的で堂々とした言い草が気に入らない理由は、そこから「もともとこの世界はそっちが譲歩するよう設計されているのに、なぜ突然、やらないなんて言うの？」「こちらの望む範囲で生きてくれれば、いくらでも面倒見てかわいがってあげるのに」という隠れた思いが透けて見えるからだ。

このせりふを口にした男性がフェミニズムを避けたがるのは、自分が当然のように享受してきたことを奪われるかもしれないという危機感があるからだ。

でも、それは奪われるものではなく、自分の彼女が「当然受け取るべきだった自由と権利」だとしたら？

驚くかもしれないけれど、フェミニストの多くは、普段の生活のなかで出会う平凡な人たちだ。顔にフェミニストと書いていないだけでなく、争いたいとも思っていない。「フェミニスト」と自称していなくても、日常のなかで居心地の悪さを感じることがあって、それについて愛する人と話し合い、改善したいと思っているのだ。

女性が男性にフェミニズムについて話すとき、男性は、相手の女性が「もう少し自分らしく自由に生きる方法を一緒に模索してほしい」と協力を求めているのだということを理解できているだろうか？

「自分が知っていることがすべてではないかもしれない」という、うっすらとした疑念と可能性を思い浮かべられているだろうか？

まずは現状をしっかりと見なければ、次に進めない。

恋人同士の会話でいちばん大切なのは、互いに「自分が真実だと信じてきたこと以外の真実を受け入れること」と「自分にとってはささいなことでも相手にとってはそうではないかもしれないと理解すること」だ。

恋愛の悩みの多くは、好みや価値観の違いではなく、「その人が自分の話をどれだけ興味を持って聞いてくれて、一緒に悩んでくれるか」にある。

性差別についての考え方が異なるときは、それぞれが信じてきた真実と価値観の優先順位を互いに聞き、悩み、葛藤して、部分的であっても理解し合う方法を探るべきだ。

時間をかけて学んだり、必要ならば本を読んだり講演を聴いたり、納得のいかない部分は質問を投げかけたりしたい。

残念ながら、フェミニズムに関心のある女性が、まったく無関心な恋人を説得するための「10分間速成コース」のようなものは存在しない。

そして、自分が生きてきた世界をトータルに理解してほしいと求めることは、生理痛のつらさをわかってほしいというのと同じような無理難題かもしれない。

それでも、お互いが主張する不便さや苦しみを理解しようする努力は必要だ。少なくとも愛し合っているのであれば。

第 3 部

ええ、私は大げさな女です

―― ぶつかるのは大変ですが
言うことにします

結婚にも「取捨選択」が必要だ

——結婚式は象徴的な「入口」

結婚前は、結婚するとなるといろいろ考えることがあるような気がしていたけれど、案外そうでもなかった。結婚準備をしているときも何も考えなかった。

結婚に関する多くの慣習やルール、アドバイスなんかは、そもそも知りたいとも思わなかったと言ったほうが正しいかもしれない。

結婚は家同士の結びつきだから、調整したり合わせたりすることが多いというけれど、私は二人が家と家を結ぶ懸け橋のような役割をするのはごめんだった。恋愛は二人の問題だし、結婚して暮らしていくのも、独立した大人二人の問題だと考えたかった。

結婚式は社会的な慣習だ。それはいいとしても、あふれかえる情報や経験談、アドバイスの洪水のなかで、どうすればいいのかを見失いがちだ。

そんな情報やアドバイスについて一つひとつ考えていたら、もはや自分たちがどんな結婚式をやりたかったのかさえわからなくなっていく。

私たち夫婦は、結婚までのプロセスをできるだけ簡素化しようと思い、こまかい部分は双方の親を含め、誰とも共有しないことにした。

結婚は親のイベントでもあるという言葉はいったん忘れることにして、親の招待客は最小限にしてほしいとお願いした。親の意見まで尊重すると、結婚は総勢6人の意見をすり合わせないといけないイベントになり、意見の食い違いでもめやすくなる。

韓国の結婚式はとりわけ受け身だという気がする。結婚式への憧れは人それぞれなのに、自分で選べることがあまりない。

振り返ってみると、結婚式を準備するプロセスは、結婚後の人生をそれとなく暗示しているようにも思う。その日を境に、自分が選ぶよりも、世の中によって選ばされることが多くなる。

結婚式の日はスマートで美しくなければならず、一人では歩くこともできない純白のドレスを着なくてはならない。私は父の手から新郎の手に渡されて、笑いすぎても泣きすぎてもダメ。

女性が結婚式で美しく見せたいのはみんな同じだけど、それは純粋に自分のためというより、主に来てくれる人の目を意識してのような気もする。「あまりきれいな花嫁じゃないわね」と悪気なく、何の気なしに言われたりもするからだ。

韓国では結婚においての性役割がはっきり固定されている。家庭の切り盛りは男性にとってもラクではないが、女性に対しては、家を切り盛りすることから嫁としてのつとめまで、一気に多くの役割が求められる。

結婚後、妻として、嫁として強要される多くの義務をきっぱりと断るのは難しい。改善すべきことに対して、まだ社会的な同意が得られていないからだ。

さらに、多くの夫が「もともとそういうもの」だと思っていて、変化の必要性を感じていないことも大きな理由だ。

「バージンロード」が象徴するもの

結婚準備と結婚式までのプロセスには、伝統とマーケティングが入り混じった慣習がいまだに根強く残っている。

「バージンロード」は、純潔の処女としての最後の瞬間を父に手を取られて入っていく道だ。父は娘を新郎に手渡し、新郎は新婦を引き受ける。親馬鹿の父親にとっては切なく貴重な瞬間かもしれないが、女性は男性から守られて所有される対象であるという、古くからの考え方を思い起こさせる。

最近では、カップルの個性を反映したシンプルな結婚式も増えつつあるが、「新郎はわき目もふらずに新婦を愛し、新婦は気を抜くことなく美しさを保つ」という奇妙な約束は、相変わらずよく耳にする。

少し前に弟が結婚したのだが、弟は、私が見たことのある結婚式のなかでもいちばん変わったやり方で入場した。

「まず、今日のすばらしい主役の新郎様が、同じくらいすてきなお父様に手を取られて入場します」

「次に、今日のもう一人の主役である、美しい新婦様のご入場です」

弟夫婦はどちらも自分の父親に手を取られて入場した。父は、なんで父親と入場したがるんだと照れながらも、内心では息子の提案に喜んでいるようだった。

小さな変化だったが、新郎も父に手を取られて入場することで、新郎新婦のどちらも育ててくれた親に感謝を伝えることができ、配偶者と新たな家庭を築いていこうという第一歩にふさわしいと感じた。

真っ先になくすべき言葉

結婚式のしきたりに疑問を抱く人は増えているけれど、実際に変えるとなるとなかなか難しい。

結婚式の準備でケンカになることも多いが、主に親やまわりの人の意見を取り入れようとすることで、もめてしまうようだ。

韓国で真っ先になくすべきなのは「結婚は家同士の結びつき」という言葉だと思う。

そうでなくても家を出て自立するのが遅いのに、精神的に親から自立できていない大人が多すぎる。

結婚しないのであれば、これは本人と家族の問題にすぎず、他人に影響を及ぼさないかもしれない。

でも、一人の人間としてではなく、家族から自立できていない娘、息子のままで結婚しようとすると、いざこざが起こってくる。調整すべき意見が多くなりすぎて、どちらかが譲って合わせるにしても、親のことを考えると、いらぬプライドのぶつかり合いになったりする。

そういうわけで、結婚式までの準備も、もっと自由で主体的にできればいいのにと思う。結婚式はゴールではなく、その後の長い人生に続く、象徴的な一つの入口だ。伝統に従うのもいいけれど、せめてその伝統のなかには、自分が納得できるものを取捨選択できる自由がほしいものだ。

「家事は半々」が難しい
——家にもプロジェクト・マネジャーが必要か？

「夕飯、何食べる？」

「あるのでいいよ、何でもいい」

「……だからあるものって？　何でもって何？」

結婚したら、誰かにつくってもらうのではなくて、自分でつくって食べる生活が始まった。誰に言われたわけでもないのに、自然と日々の夕食のメニューを考えるようになった。最初はそれが楽しかったけれど、それまでやっていなかったことをやることになったせいで、ストレスがたまりはじめた。

夫は、私が何かものすごいごちそうをつくらなくてはならないというプレッシャーを感じていると勘違いして、「僕は何でも食べるよ」となぐさめてきた。

その言葉は本当で、夫は冷蔵庫の作り置きのおかず数品でも文句を言わずに食べてくれた。それでも毎日夕飯の時間が近づくと気が重くなった。だから、何でもって何？

そして、ふと気づいた。私は、メニューや作り方をシンプルにしたいんじゃなくて、夫に一緒に考えて一緒に決めてほしかったのだ。

家事というのは、実際にやってみなければどんなに手間がかかることなのかわからない。家事の内容は大まかに「料理、洗濯、掃除、ゴミの分別……」のように分けられるけれど、細分化しだしたらきりがない。

夕飯の準備は、適当な経費と労力で食べることのできるメニューを決めて、冷蔵庫

の食材を思い出して、足りないものを買いに行って、食べ終わったら片づけて、翌朝食べるものがあるか考える、そのすべてを含むのだ。

キッチンの壁についた油のハネを拭き取り、詰まりかけたシンクの排水口をきれいにして、冷蔵庫にビールとミネラルウォーターをストックしておくのも、面倒だけれど定期的に必要なことだ。

自分で自分の面倒を見る

夫に頼めばやってくれるだろう。でも、夫にお願いして、褒めて、あるいは小言を言って、また繰り返しお願いするなんて、考えただけでもうんざりする。

自分が家事好きなほうでも、きれい好きなほうでもないから、仕事をしながら家事も責任を持ってやらなければいけないという負担が、なおのこと重たく感じられた。ほどなく、どこから芽生えたのかもわからない妻としての義務感はうすれていった。

各自会社などで夕食を済ませたり、二人で外食したりする日が増えていった。そうなのだ、二人にとってはこっちのほうがずっと自然だった。これまでどちらもそうやって生きてきたんだから。

結婚したてのころ、習慣のように、よくお互いに訊いたものだ。

「家に牛乳あったかな?」

「ティッシュがないね?」

「僕のシャツ、全部洗濯しちゃった?」

つまり「お母さん」に何でも訊いていたみたいに。母親は不思議なことに私の探し物がどこにあるのか全部知っていて、必要なものは切れないようにきちんと補充してくれていた。

母親と一緒に暮らしていたときは、洗剤がまだあるか考える必要も、ゴミ箱を空にするタイミングを見計らう必要もなかった。

私も夫も、家事がどれだけ具体的で細分化された仕事なのか知らずに生きてきたのだ。でももう誰も私たちの分までやってくれない。

一緒に買い物していたとき、「家にお米あったかな」とつぶやいたら、「それは君のほうが知ってるんじゃない?」と夫に言われたので、「なんで私が知ってるって思うわけ?」と訊き返した。

夫は、一緒に家事を分担して暮らしているとわかっていながらも、その役目を十分果たしていながらも、無意識に家事の主担当は私だと考える習慣をしばらく捨てきれなかった。

義務と自由が同時にある状態、それが自立であり大人であり、家のことは自分でやるということだ。

夫がどれだけ家事を手伝ってくれるかではなく、二人がどれだけ自発的に家事をこなすかが重要だった。気の利く夫だから家事をやるということではなくて、自分たちが暮らしていくために、夫も家事をやりはじめる必要があった。

配偶者に「お母さん」の役割を期待してはいけない。妻も夫も「お母さん」じゃない。それに母親だって、もうスーパーウーマンじゃなくていいと思うのだ。

「褒めて動かす」役なんてしたくない

共稼ぎでも、家事負担の割合は相変わらず女性のほうが圧倒的に大きいという。

最近の若い夫婦の大半は共働きだが、実際、つねに心の片隅で家事がお荷物になっているのは、たいてい妻のほうだ。

ユーモアサイトで「夫にジャガイモを半分だけむいてくれと頼んだら」というタイトルの投稿を見たことがある。そこには、半分だけ皮をむかれたざるいっぱいのジャガイモの写真があった。

乾いた笑いが出てしまった。妻はブツブツ言いながら後処理したことだろう。でも、ジャガイモを半分むいてと頼んでも、夫が理解できないのは笑い話じゃない。あくまでも家事は手伝っているにすぎないという感覚を示しているからだ。


夫は家事を手伝う人という位置づけで、しょっちゅう手伝ってもらうには、小さなこともいちいち褒めてやるべし、というノウハウは広く知られている。

ときどきイベント的に料理するだけの夫は、料理をしながら妻に尋ねる。「しょうゆはどこ?」「ねえ、どれが塩なの?」。そうして一つひとつサポートしてやったあげく、料理が完成すれば、妻は夫が普段やらないことをやってくれたと、褒めてやらなくちゃいけないのだ。

褒めることも労働だ。いちいち褒めてもらえるほうはラクだけど、さて何を褒めてあげようかと注意深く観察して、いちいち褒めてやる役を希望する人なんていないだろう。

もちろん夫に感謝の気持ちを伝えるのは難しいことではないのだが、夫にも、私がしていることはあたりまえなんかじゃなく、ありがたいことなんだと認識してほしい。それに、夫に仕事を頼み、褒めてあげるには、自分が家事の総責任者にならないといけない。でも私はそこに自信がなかった。家事にもプロジェクト・マネジャーが必要だというけど、お給料をもらえるわけでもないのに、責任を負わせられるだけの損なポストだ。

私はあるときから、夫に尋ねたり指示したりするのをやめた。

そもそも結婚後も、家事をこなすことが私の優先事項だったことはなく、それぞれが知っているやり方で、考えついたやり方で家事をこなしていた。

気に入らなくても「自分がやるんじゃないんだから」と、文句をつけないのが不文律だった。

さいわい夫は、私が言わなくても、いつのまにか自分で考えてやるようになった。

実際に多くの家事をしてもらえるかどうかよりも、自分が家事に関して頭を悩ませたり、気にしたりしなくてもいいことがラクだった。

逆に、夫に負担がかかりすぎないように、意識してバランスを取るよう努力した。

赤ちゃんは「超能力」では育てられない

ネコを飼いはじめたころ、しょっちゅう夫とケンカした。夫はネコをどう扱っていいかわからず、ときどき力まかせに押さえ込んだ。

すると爪で引っかかれ、私に叱られた。夫はネコの世話を一から覚えなくてはならず、私は全部わかっていたので、自然と主に私の仕事になった。

ネコに薬を飲ませる係を夫に頼んだところ、ラクになるどころか、全員がストレスをつのらせた。うまくやれない夫も大変だし、慣れない手つきにネコも大変そうで、見ている私もつらかった。

できれば自分でやりたかったけれど、毎日朝晩飲ませなくてはならず、どうしても私ができないときには、夫一人でもケアできるようにしておかなくてはいけない。

夫にはネコとコミュニケーションを取ろうという意志があり、お互い時間も十分あったので、時間をかけて少しずつ教えた。いまでは夫もネコを世話できるようになった。

これは、ひょっとしたら親として、子どもを産んで育てていくプロセスと似ているかもしれないと、ぼんやり思った。しょっちゅうやる人は上手になるし、上手な人がいれば、もういっぽうは自分でやり方を探るより、相手から教えてもらうようになる。中心軸はだんだんと傾いて、どちらかがお願いし、どちらかがそれに従うかたちになる。母親のほうが、赤ん坊がむずかる理由をわかってやれるのは、その分、世話をしているからだと思うのだ。生まれつきの「超能力」の母性なんかじゃなくて。

「妻のほうが子どもの面倒を見るのがうまいから」「ママのほうになついてるから」という言い訳は、自分は子育てに主体的に関わってこなかったと言っているのと同じではないだろうか。

先日、偶然会った新米ママ全員から、同じような苦労話を打ち明けられた。

「間違いなく夫のほうが体を動かしてがんばってくれてるんだけど……。どこの幼稚園に入れるか、どう教育すべきか、メニューはどうやって決めるか。そういうことを考えて、夫にやらせて褒めてあげるのは、私の役目なんですよね」

いざ夫に任せるとなると、母親としては心もとないかもしれない。

でも夫も父親として、言われたことをやるだけでなく、養育者としてとことん悩むべきだし、妻も自分が経験してきたたくさんの「初めてのこと」を夫にも任せてみるべきだ。

もし役割分担をして、すべての過程をどちらかがリードするのであれば、二人の合意が必要だ。妻だから、母親だから、女性だから、当然しなくてはいけないわけでも、当然うまくできるということでもないのだから。

本当はそんな「義務」はないのに

――この嫌な罪悪感の正体とは

年を取るにつれ、友だち数人で集まるのがだんだん難しくなってきた。

週末はそれぞれ予定があるからと平日の夜に会おうとしても、当日の夜にお流れになることもしばしばだ。

出社時間は毎日予測可能だけれど、退社時間は確実にはわからない。なかには、社長より先に帰ってはいけないと、面と向かって言われる会社もいまだにあるらしい。あるいははっきり言わなくても、含みのある言い方でそれとなくにおわせるようだ。

プライベートなことなのに、独身だったり、付き合っている人がいなかったりするとよけい言われる。

「だって、待ってる人もいないんだし、そんなに早く帰らなくてもいいだろう？」

いいや、勤務時間が終わったから帰ろうとしてるだけなんですけど。帰るのに理由が必要でしょうか。

残っても、ダラダラといるだけなのはみんなわかっている。

若い新入社員でなくても、こうした非効率な組織文化が窮屈だと思っている人もいるだろう。しあわせに生きるためにお金を稼いでいるのに、お金を稼ぐために自分の時間がない人生を生きるなんて、誰も望んでいない。

愛する人、家族、友だちと一日のストレスを解消して翌日に備える、そんな平凡な夜を過ごすのが普通という文化になったら、みんな喜ぶのではないだろうか。

でも、そんな人生はすでにあきらめたのか、自分ができなかったから次の世代もできなくていいと思っているのか、「社会とはそんな甘いものじゃない」とばかりに、変化を遅らせたがる人もいるようだ。

「必要な変化」ならすぐに取り入れたい

急進的な変化が社会の混乱を招くおそれがあるという事実は否定しないけれど、不合理な状況を目の当たりにしていても、変化はゆっくりでないといけないのだろうか。残業するのはあたりまえという一部の旧世代の考え方に、まだしばらくは従わなくてはいけないのだろうか。

既存の誤った慣習が多くの人々を苦しめているのであれば、スピーディに改善する必要があるのではないか。

年配の人が必ずしも物分かりが悪いわけではないし、若いからと積極的に変化を受け入れるということでもなさそうだ。

最近も、あるオンラインコミュニティで「会社の新人が6時の終業のベルと同時に退社する」と訴える人がいて、侃々諤々《かんかんがくがく》の議論になっていた。

「自分のときはそうだった」としても、やりにくい部分があればすぐにでも変えて、次の人がよりよい条件で働けるようにすればいいのに。それがそんなに難しいものだろうか。

家父長制の改善や、家庭での平等についての話が出ると、時代の流れだから仕方がないと認めながらも、韓国ではまだ早いと眉をひそめる人たちもいる。

変化によって得るものより失うものが多い人たち、社会が変わっても自分の態度は変えたくない人たち、夫の実家の食器の片づけを嫁まかせにせず、家族で分担することに気が進まない人たちなどだ。

勉強しろと親からうるさく言われても聞き流していた男たちが、結婚予定の相手から、名節のときはかわりばんこにそれぞれの実家に行こうと提案されると難色を示す。「まだ親世代は変化を受け入れられないから」と、そういうときだけはことさら親を敬おうとする。

敏感より鈍感のほうがたちが悪い

あるとき何か食べるものがないかと、冷蔵庫を開けてごそごそ探していた。ずっと仕事が忙しくて、まともに食事をしていなかった。

夫は残業するときは外で食べてきて、ときどき早く帰宅すれば一緒に外食する。その週末は引っ越し後、初めて夫の両親が遊びにくることになっていた。お茶菓子はあったかな、そろそろ買い物に行かないと。

私は冷蔵庫に続いてキッチンの食器棚を一つずつ開けながら考えていた。そのとき夫がぼそっと言った。

「母さんにイカの炒め物でもつくってもらおうか?」

イカの炒め物は夫の好物だ。母親の手料理が食べたいのはわかるが、その瞬間、絶句した。

うちのキッチンで義母が料理したら、どんなに私が気を使うか夫にはわからないのだろうか。義母が料理しているあいだ、夫はリビングでだべっていて、私だけ義母のかたわらで手伝っている姿は、夫には思い浮かばず、私にだけ鮮やかに見えるのだろうか。

結婚すれば嫁になること、嫁として義母に接するということについて、夫は漠然とは想像できても、実感することはできないようだ。

どんなに人間的にすばらしくても、義母は嫁にとっては気を使う相手だし、なにげない一言も軽く受け流すことはできない。

久しぶりに会って「嫁の顔を忘れてしまいそうだわ」と笑われても本音が見えるし、「なんで息子の顔がやつれたのかしら」と首を傾げられると、不安でいてもたってもいられなくなる。

それを察することができないのは、もともとの共感力の欠如のせいか、それともこうして機嫌をうかがうような人間関係をこれまで経験したことがないからなのか。

後者だったらまったくうらやましい話だが、本人がそういう経験がないからと、他人の苦痛を過敏だと決めつけるのは筋違いだ。夫に敏感すぎると指摘されたときは、敏感なことより鈍感なほうがたちが悪いと言い返した。

自分のなかの「義務感」との闘い

じつのところ、結婚して私を苦しめたのは、外からのプレッシャーではなく、私自身のなかから湧いてくる義務感だった。自分のなかにあるものにこんなに苦しめられるとは思わなかった。

そして、これまで生きてきたなかで、どれほど多くのことを嫁の義務として思い込まされてきたかに気づきはじめた。

やれと言われたり、ケチをつけられたわけでもないのに、やはり私は嫁だった。夫の実家に行けば、何かしなければいけないようで気が気でなく、義父母の誕生日や引っ越し祝いには、得意でもない料理をつくらなくてはいけないように感じて気が重かった。

夫は「母さんはそんなこと気にしないよ」と言う。ドラマに出てくるようないじわるな家でもなし、一人悶々《もんもん》と葛藤する私を夫が理解できなかったのは当然のことかもしれない。

要は、義母の頼みは断りにくいということだ。電話をすること自体より、嫁である自分にだけ電話をするように宿題が課せられることがつらかった。「定期的に電話するのは難しいかもしれません」と言いにくかったのは、誰かに責められるからではなく、「嫁がこんなことを言ってもいいものだろうか」という自分自身の葛藤に打ち勝つのが難しかったからだ。

それでも、私は少しずつ自分が考える結婚生活について、夫の両親に話して聞かせた。大きな問題については、夫と話がまとまってから、それぞれの両親に説明したりした。

「朝食は各自用意して食べることにしました」

「家事は一緒にやることにしたので、それは夫がやります」

「自分の家の祭祀は、時間があればそれぞれ行きますが、相手の家の祭祀には参加しないつもりです」

「二人とも、どうしても子どもがほしいとは思っていません」

「いざこざ」が起こったっていい

結婚したら、なぜ嫁が夫の両親の誕生日のごちそうを用意して、自分たちの引っ越し祝いには向こうの家族を招待してごちそうを準備しないといけないのか、いまだにわからない。

夫は私の実家の祭祀に参加しないのに、向こうの家は祭祀や家族のお祝い事の日を義母がいちいち知らせてくる理由もわからない。

私たち夫婦はお互いに、自分の家の行事と自分の親を優先することにした。あるいは逆に、お互い相手の親を優先するというのでもいいだろう。

私たちはどちらも人付き合いがそれほど得意ではなく、相手の親に愛想よく気を使うのはムリだとすぐに気づいて、それぞれ自分の親を見るという方向で落ち着いた。

気難しい嫁、きつい嫁だと言われるけれど、できないことはムリしないことにした。

いまの時代では、私はわがままに見えるかもしれない。個人的にはただ「気難しい嫁」と言われることを受け入れるしかなく、社会にすぐには認められなくても、私は「嫁のつとめ」に従うことなく、自分で正しいと思う人生を生きていくだろう。

嫁のつとめを拒否し、家庭での女性の役割の問題を引っ張り出して、いざこざを助長しているだけじゃないかと舌打ちする人もいるだろう。

でも、いざこざが起こったっていいのだ。

問題があるのに誰も問題提起しなければ、これからも誰かが犠牲になる。

いざこざを起こさず、いままでどおり静かに生きてほしいと思うのは、どんな立場の人たちだろうか。それは既得権益層ではないだろうか。

女性にはやりたくないことをやらない勇気が必要だ。

そしてもっと重要なのは、男性がその勇気を応援してくれることだ。

話したら「罪悪感」が軽くなった

息子には皿洗いなどさせてこなかったと言う義父に、私たち夫婦の役割分担について説明した。私も大切に育てられた娘で、一緒に家事をやっていくのは当然のことなのだと。

義父母に口答えして良心がチクチク痛んだが、口に出してしまうと、出どころのわからない罪悪感が不思議と少しずつ軽くなっていった。

義父母がなにげなく尋ねてくる食事のこと、家事のことについて話すとき、それまではすべての責任が自分にあるように感じていたけれど、いまでは私の家事能力の問題ではなく、二人の責任になった。

気分的なものかもしれないが、それは私の結婚生活に大いに役立った。いまでは夫の食事は私の責任ではないと義父母も知っているので、言葉に慎重にならなくても、あるがままに、より「家族らしく」お互いを受け入れられるようになった。

もちろん、嫁が自分の息子の世話もせず、口答えまでするのはとうてい受け入れられないという家もあるだろうから、私はラッキーだったのかもしれない。

でも、いざこざが起こっても、気まずさを甘受してでも、変えなくてはならない。たとえ多くなくても、いくつかの家庭だけでもいままでとは違う文化を築いていくことが、変化の小さな一歩になるのであれば、私は喜んで「お隣の家の悪い嫁」になろう。

「私の夫」はそうじゃないはず

――地下鉄の男の会話と女の不安

先日、友人が地下鉄に乗っていたら、隣に立った男性三人の会話が聞こえてきたという。職場の同僚同士らしく、そのうちの一人は子どもが生まれて、ほかの二人もその予定があるようで、育児について話していたそうだ。

父親同士の子育てについての情報共有か？

そうではなく、それは耳を疑うような内容だった。

「育児は、それじゃ分担で？」

「いや、そう言ってるんだけど、そんなのムリだよ。遊んでやるだけでもクタクタなのに。だから、もうとにかく遅く帰ろうと思ってね」

彼らが子育てについて下した結論は「遅く帰宅すること」だった。

おそらく残業や経済的に家庭を支えているという理由で、家では休みたいのだろう。でも、子どもの世話に退社時間はない。そんな子育ての大変さを知りながらも、その大変な仕事を妻と分担する気はない、というわけだ。

彼らにはそれなりに正当な理由がある。仕事をしているから、稼いでいるから、子育ては妻が責任を持ってやったほうがいいから……。

子どもの面倒を見るのが大変で残業を買って出る父親たちも、おそらく心のどこかではこう願っているだろう。子どもになつかれたい、かわいがってあげたい、愛してあげたい。子どもは当然そういう存在であるべきだから。自分は子どものためにがんばって仕事して、稼いできているのだから。

ところが、父親と絆をつくれない子どもは、父親になつかず、父親は父親で上手にかまってやれないので、子どもと遊ぶ時間がだんだん減っていき、悪循環を繰り返すことになる。

よく言われるように父親がATMに成り下がる理由は、家庭での自分の役割を見つけられないからだ。

その明らかに問題アリの会話についてあれこれ言いながらも、私と友人が最も不安に感じていたのは、じつは自分のことだった。いまはまだ子どもがいないけれど、子どもができたときに「自分の夫は絶対にあんな会話には加わらないだろう」とは確信できなかったのだ。

「子を持つこと」についての男女の違い

結婚前から、私は子どもを産むつもりはないと夫に話していた。お互いの合意のもと、両家の親にもそう伝えてから結婚した。

母はいまでもことあるごとに、子どもを産んでほしいと言ってくるけど、単純に子どもが与えてくれる幸福や夫婦の結びつきといった、情緒的なメリットだけでは解決できない問題がいくつもある。

国がどんなに補助金の額を増やしても、世の夫婦が妊娠、出産をぱっと決められないのと理由は同じだ。もちろん経済的な面での心配はあるけれど、それよりもこの社会が子育てをするのにふさわしい仕組みになっているのか、よくわからないのだ。

はっきり言って、私は子どもの主たる養育者になるのが不安だ。

自分の体から子どもが生まれるという理由で、30年以上続いてきた平凡な日常生活の一部を手放さなくてはいけない。

夫は、日々の暮らしと出産にまつわる役割を一部だけ選んで調整できるけれど、私のほうはそういうわけにいかない。望もうが望むまいが、妊娠による体の変化が起こるし、やっていた仕事を中断しなくては出産できない。

女性が子育てをリードするようになるいちばんの理由は、やはりこのプロセスのためだろう。女性は妊娠と同時に子どもに関しては選択の自由がなくなる。その変化をすべて受け入れるしかないのだ。

子どもが大きくなって共働きになっても、保育園に通う子どもが体調を崩せば母親に電話がくる。残業は主に父親の役目になり、たいがい母親のほうが、会社にしぶしぶ早退を願い出て「だから女にはまかせられない」と言われてしまう。誰も悪くなく、みんな一生懸命やっているのに、なぜか全員が大変な思いをする。

こんな状況なのに、これまでの人生の多くの部分をあきらめて、いい母親になどなれるだろうか。

世間で言われる母性など、ほとんど神話だ。

ネコと暮らしていてさえ、ときどき何の罪もない動物に怒りが込み上げてくるときがあるのに、ネコよりもずっとゆっくり成長する子どもはもっともっと大変なはずだ。

そんななかで、母親はたった一人で自分だけを責めつづける。「母親なのに、私には母性がないのだろうか」。まわりからわざわざそう言われなくても、絶えず自分をジャッジしてしまう。

夫はどこまで「格闘」してくれるだろう？

この社会における出産後の変化については、相変わらず女性のほうが深く考えざるをえない。

男性は妊娠とキャリアの中断を結びつけて考えたりしない。もちろん父親になる男性の人生も変わるけれど、むしろそれは「たっぷり稼いでくるからな」といった経済的な部分での責任感として表れることが多い。

そして妙なことに、経済的な面で責任を果たしている人は「このくらいやってるから十分だろう」とあっさり責任に線引きしてしまう。

そうでなくても仕事で疲れているのに、どうやって子どもの世話をすればいいか、自分で学んで判断して行動するのは難しい。「お皿を洗うあいだだけ、子どもを見てて」と妻に言われたことをやるだけで、ありがたい夫になってしまうという現実がほとんどだ。

もし、私たち夫婦が子どもを持つとしたら、そして、働く夫にいい父親になることまで望んだら、一人の人間にあまりに多くの負担を求めすぎることになるのではないだろうか。

韓国社会での子育ては、一人ひとりがとても多くの役割をしょいこまないといけないシステムになっている。

かつては村全体で子どもを育てたというが、いまのような共働きの夫婦だと、保育施設や実家のサポートが欠かせないし、それを望まないなら夫婦で最善の妥協点を見つけなくてはいけない。

仕事と育児の両立が大変なのは事実だけれど、家事と育児を一手に引き受けるのも十分に大変な役割だ。「家庭の主婦は家でラクして遊んでいる」という社会の認識が、家庭でのバランスをよけい取りにくくしている。

夫が「子どもの面倒を見ないといけないので、会食は欠席します」と断ったら、まわりの人たちは、会社で仕事をこなすのと同じように、家庭でも当然の役割を果たしているると思ってくれるだろうか？

妻に言われて仕方ないんです、妻子持ちはつらいんですと、しょげかえって言い訳するはめにはならないだろうか？

夫婦での子育てを強く望む妻のせいで、自分の立場が苦しくなり、犠牲を強いられているると感じないだろうか？

もし夫が疲れたという理由で育児をさぼったら、天使のような子どもの寝顔を見るだけで一緒に現実と格闘してくれなかったら、育児は当然自分の役目だと思ってくれなかったら、私はどう思うだろう。

「子どもが生まれたら、とにかく遅く帰れよ」という同僚のご丁寧なアドバイスに、父親としての正しい価値観を主張すれば、まわりから浮いてしまうかもしれない世の中だ。

それが社会で働くということかもしれないけれど、私はそんな世の中で子どもを育てたくない。

「子どもがほしい」と言われたらしたい質問

育児休暇を取りたいという男性に、「だったら辞めろ」と会社が勧告するのがいまの現実だ。女性は妊娠と同時にキャリアの中断と復帰について悩むことになるが、男性の育児休暇は浸透していないし、制度としては育児休暇があっても、会社での居心地を悪くしないために、利用しない夫たちのほうがまだまだ多い。

妻と夫、双方の理解と努力という個人的ながんばりだけでは、私たちが置かれた状況を改善することはできないのだ。

二人が子どもを望み、個人的な条件が整ったときに子どもを産み育てられる世の中にするためには、そして納得できるやり方で子育てをして生きていくためには、まだ闘いが必要なようだ。

でも、もしこのままの状態が続いたら、男性ならあえて悩まなくてもいいことまで、男性たちは一緒になって悩んでくれるだろうか。これまで当然だと思いながら享受してきたことを、積極的に拒み、改善してくれるだろうか。

私たち夫婦は、いまのところ子どもを望んでいないけれど、もし夫が子どもをほしがったなら、まずこう訊くと思う。私と同じくらい変わらなくてはいけないと切実に感じているか、私のためではなく自分のために、その困難で疲れる闘いにあえて飛び込む準備ができているか、と。

「男は仕事、女は家事」でこんなに困る
――「家長は男」で決まり?

あるテレビ局が、私の前作『自分で決めます』を読んで、インタビューを申し込んできた。本に書かれているような、最近変わりつつある平等な家族の姿、嫁の姿を撮りたいのだという。

夫の帰宅前に、まず私にインタビューするためにやってきたプロデューサーが夫婦の家事分担について質問したのだが、共稼ぎといってもフリーランスの私が唱える平等には疑問をぬぐいきれない、といった口調でたたみかけてきた。

「だから、結局は家庭の主婦ですよね」

「え？　違います……自宅で仕事してるんです」

「文章を書いてるんですよね？　書くのにどれくらいかかるんですか」

「…………」

そして夫が帰宅する前に、私一人で皿を洗う様子を撮って帰っていった。夫と一緒に家事をする姿を撮ると思っていたのだが。

そのときはもうどうでもいいやと思っていた。私が「夫の家の祭祀や行事の日にちをすべて覚えるつもりはなく、必要なら夫が教えてくれればいい」と言うと、相手はいくら何でも理解できないというように首を横に振った。

変わりつつある家族の姿をテレビで扱おうというのは肯定的な変化に違いないけど、どれだけ関心を持って理解して描くのかは正直わからなかった。

結局、ほかの理由で我が家の撮影部分は放送されないことになったが、「結局は家庭の主婦ですよね」という一言は長いこと私の頭のなかに残っていた。

家でラクして文章なんか書いている分際で、仕事から疲れて帰ってきた夫と家事を分担するのは、理屈に合わないと言いたかったのだろうか。夫が家長として社会に出て働いているのだから、妻は家のことや夫の実家の行事をすべて担うのが当然だと思っていたのだろうか。

「家事の責任者」は割に合わない

仕事と家事の分担は、結婚生活を論じるときによく話題にのぼる。これは一つの家庭を営んでいくために共存させなくてはならない領域なのは間違いない。

ところが、経済的な部分は確実に結果が出るのに比べて、家のことは成果がはっきりとは見えにくいという特殊性がある。二人の合意のもとで成立した集団が家庭なのに、家庭を維持することは社会で働くことに比べて、いつも低く見積もられる。

家のことに関しては、そのスキルに対する評価もはっきりしない。個人の成果が確実に表れる仕事上の業務に比べて、家事は配偶者のための内助のように感じられるという限界があるからだ。運転の苦手な女性が「家でメシでもつくってろ！」と非難されるくらいだから、「家でメシでもつくる」ことを自分のスキルとして感じにくいのもムリはない。

だから家事の責任者になったところで、受け持つ量が増えたり、優れた腕があったりしても、社会的な名誉と同じようには感じにくい。

たいがい男性には、それを手伝うだけで十分感謝される資格が与えられる。そして、どんなにたくさん手伝おうと、責任の主体は女性のままにしておきたがる。二人とも経済活動を行っていたとしてもだ。

もちろん、必要であれば、家庭を維持するために効率的に役割分担することは悪いことではない。

でもそれは、どちらかが「家長」になって、もういっぽうに専業主婦（主夫）という「恩恵」を与えることではない。家長はとにかく大変で、専業主婦（主夫）はとにかくラクということもない。

「稼ぐこと」と「家事」は生きるために両立すべき領域だが、これを分担すると、「稼ぐこと」を受け持つ側ばかりに権威が偏り、社会的に認められることが多くなる。

お金を稼ぐ人は家事をしないことに対する罪悪感が少ないのに対して、家事と出産と育児を担当する側は、なぜ相手より自分の役目を果たせていないような後ろめたさを感じるのだろう。

考えてみれば、お金を稼いでくる側に権威を与えるのは、昔から自然なことだった。親の世代だけ見ても、父親が稼いで、母親が専業主婦の家庭が多かったが、父親は会社から帰宅すればいつもてなしてもらえる人で、朝から子どもたちの世話をしている母親は、休む間もなく夕飯の準備をした。

父親は家長だからつねに尊重されなくてはならず、母親は家族を養う父を尊敬するよう子どもたちをしつけた。でも、家族を養い家庭が維持されるようにがんばったのは、父親だけだったのだろうか。

男性が経済力を担当するのは、韓国の社会では自然で当然のことだったし、その役目を受け持つことで家では優位に立ち、両家の親からも認められた。子育てに関わることなく外での会食に参加し、帰宅すれば休んでもいい権利を獲得した。

彼らが会社に通い、仕事をするのは、結婚前にもやっていたことで、結婚しなくても自分のためにやっていたはずのことなのに、結婚後は同じことをしているだけで、「家長」という名のもとに家での主導権を与えられてきた。

男性も権利を「剝奪」されている

出産後、育児がスタートして、女性が家事全般を引き受け、子育ての中心になるからといって、働く男性がただラクになるわけではもちろんないだろう。

二人で担っていた仕事と家庭のバランスで、女性が家庭のほうに傾けば、男性が仕事のほうに重心を移すのは当然だ。子どもを育てはじめると、お金を稼いでくる男性は仕事を辞めにくくなる。より難しい仕事や残業も押しつけられて、育児休暇を申請しようとしても、女性よりさらに勇気が必要だ。

この社会では、男性は家庭に経済的な責任を持ち、家事労働を分担する必要はないと考えられている。見ようによっては、男性は子どもの成長過程を見守り一緒にいる権利を剝奪《はくだつ》されているともいえる。

ところが問題は、役割が代わって女性が経済的な責任を持ったとしても、それにともなう家父長制の恩恵まで受けるのは難しいという点だ。

相変わらず女性は両家の行事を取り仕切るし、子どもが病気になれば駆けつける。

夫と一緒にやるのが正しいと思っていても、体が先に動いてしまう。人に強制されなくても妻として、嫁として、母親としての義務を自分でも振り払うのが難しいのだ。共働き家庭の男性の家事労働時間は、以前に比べたら増えているが、依然として女性のほうが4倍近くと偏っている。同じように働いていても、女のほうが多く家事をやり、嫁のつとめを果たし、主たる養育者でなくてはいけない、誰もがそう信じているのだ。

問題は「経済力」ではない

結婚後の男女の地位の不公平さを論じると、決まって解決策のように飛んでくる言葉がある。

「女が家を用意すれば（お金があれば）、祭祀に出なくても誰も何も言わない」とか「嫁のつとめを果たさないなら、義父母の遺産に関心を持つな」というものだ。

まず、どうして男性側が当然家を用意して、遺産も多いと仮定するのかわからない。何より結婚は金銭と義務を交換する取引じゃない。

そもそも私みたいな一般庶民の場合、結婚するときに相手の男性が最初から家を用意してくれることなどほぼありえず、一緒にローンを返済していくことになるはずだ。

それなのに、自分の実家が裕福で相手の男性より経済力があれば、嫁の役目を果たさなくても堂々と結婚生活を送れると、当然のように言う。結婚するときに家を用意して、稼ぎも相手よりよければ、嫁姑問題は起こらないという理屈だ。

何の努力もなしに男性が結婚と同時に手に入れる権利を、女性は経済力を証明しなければ手にできないと考えられているのだ。

しかも最近は多くの女性が実際に夫より経済力があるにもかかわらず、「妻のつとめ」から自由になれないと訴えている。

問題は経済力の有無ではない。多くの男性が経済力と関係なく、家事と実家の行事を取り仕切る妻の代わりをしようとしないことが問題なのだ。

もちろん経済力の有無や程度が、家庭内での夫婦の優劣をつくってはいけないと思う。お金が権力になり、権力で人を使う社会のシステムが家庭にまで持ち込まれるのは、正しいことではないだろう。

平等になれば男もラクになる

知人が職場に懐妊の報告をしたら、それとなく退職をうながされたという。様子をうかがいながら働きつづけていたけれど、とても居づらくなったので、辞めて失業保険でももらおうとしたところ、会社はあくまでもうながしただけであって（韓国では失業保険をもらえない）自己都合による退職というかたちになってしまったという。

私が以前通っていた職場のトップは、「女性を採用するときは未婚者、男性を採用するときは既婚者を優先的に選ぶ」とぬけぬけと言っていた。

女性は結婚して出産すれば仕事を続けられず、働きつづけたとしても仕事だけに集中するのは難しいが、男性は子どもがいればむしろ責任感を持って働くだろうという考えからだった。

実際には、働いてみると仕事ができる女性も多く、家のことが得意な男性も多いのに、なぜ男は家長で、女は専業主婦なのだろう。

二人のうちどちらかが仕事を辞めなくてはいけない場合、主に女性が辞めるのは、男性のほうが好条件で働いているからというケースが多い。

昔から、女性は「いい男性にめぐり合って嫁《とつ》げれば何より」と思われてきた半面、男性はさらに能力を伸ばすことができるよう、社会が後押ししてきた。男は生計を立てる責任者で、女は生計を立ててくれる夫がいるから生活費の足しでも稼げればいいと考えられてきた。

どんなに優秀な女性でも、結婚や出産後は、「妻」であり「母親」であるという壁にぶちあたる。女性は仕事と家事を両立させなければと思い込み、男性に比べて仕事への集中力が落ちるように自分でも感じるからだ。

そのうえ子どもに何かあったとき、保育園に駆けつけるのは大半が母親だ。それでだんだんと重要な仕事を任せてもらえなくなるという悪循環に陥る。

職場のそうした後《おく》れた考え方も、男女のアンバランスを助長する原因になっている。

フェミニズムの主張に対して、多くの男性が「家庭を経済的に支えることがいかに大変か」と訴えている。

ところが男性が大変だというその問題は、ジェンダーの壁を取り払い、男女が同等の地位を目指そうというフェミニズムを通して改善できるのだ。

フェミニズムとまで言わなくても、現代社会を生きている若い夫婦に必要なのは、「男性も育児休暇を取得できて、結婚した女性もいつでも昇進できる」といった、仕事と家庭のバランスが取れる正しい文化が形成されることだろう。

ジェンダーで偏らない社会、いっぽうに過度な役割を押しつけない社会は、結局、男女どちらにとっても必要な未来なのだ。

夫はソファに直行し、妻はすぐさまキッチンへ

――夫の実家のキッチンで起こるせめぎ合い

韓国の社会では何人かが集まると必ず一緒に食事をする。

引っ越し祝い、忘年会、誕生日、記念日などの集まりに食事は欠かせない。

一緒に食べて暮らす家族のことを韓国語では「食口《シック》」と呼んだりもする。一緒にお茶を飲むだけなら世間話程度の会話になるけれど、一緒にご飯を食べるということは、

もう少し長い時間、もう少し親しく過ごしたいということになるだろうか。

ところが、家でつくる食事には、誰かの手間がかかっている。ご近所さんや友だちを家に招けば、喜んで食べるものを用意するだろうし、愛する家族のために食卓を整えるのは楽しいかもしれない。

でも、もし参加の意思表示もしていないパーティで、当然のように自分が料理の準備をしなければならなかったらどうだろう。

それが、名節のたびに結婚した女性の身に降りかかっていることだ。

「誰にも参加の意思を訊かれていないのに、その集まりの料理を任せられる」という、面食らうようなことが起こっているのだ。


自分が選んだのは夫だけなのに、夫の両親、兄弟姉妹、甥《おい》や姪《めい》、はては先祖のためにまでキッチンに立たなくてはいけないというのは、考えてみればおかしなことだ。

若いときは、名節のような伝統がどう続いてきたのか、あまり関心がなかったけれど、結婚して、それこそ文字どおり「セアギ」（舅や姑が新しい嫁を呼ぶときの言い方。「新しい赤ん坊」という意味）になったということを実感した。

積み上げてきたすべての役割や仕事上の立場を捨てて、赤ん坊《アギ》のように、裸でこの位置に立つことになったのだ。

私は、結婚した女性が夫の家と先祖のために働くという、その環境をなかなか受け入れられなかった。

嫁というポジションを任され、夫の家のことを引き受ける新しい労働力になることは、これまで社会で成長してきた自分自身とは対極に位置することだった。自分がなぜこの場にいなくてはいけないのか、ひたすら自問するしかなかった。

かといって、初めて会う夫の家族を説得して、男女平等に働く新しい名節の風景をつくるなどはさすがにできない。ことが大きくなって複雑になるのを望む人は、夫を含め誰もいなかった。結局、男たちは酒を飲んで、女たちはつまみをつくるその家で、私は「何もしない」というアクションをとることを選んだ。

そうして差別的な役割を拒否したにはしたが、新しくその家に入ってきた嫁として心は穏やかじゃなかった。義母を手伝わないことに対する負い目はそのまま残った。

夫といえば、誰の手で料理が準備されるかは、たいして重要ではないと思っているようだった。夫だけでなく、その場にいた男性全員がそうだった。

キッチンに立った瞬間にくたくたになる

夫の実家で、夫はソファに寝そべり、妻は自然とキッチンに行く光景は容易に想像がつく。

義母の台所仕事を手伝うわけだが、おそらくこの時点で料理に不慣れな初心者の嫁は、早くも居づらくなりはじめるだろう。いま自分は慣れない役目を与えられて、孤軍奮闘しているということを意識するからだ。

夫にしてみれば、自分の母親と妻が仲良く料理する姿はほほえましく映るかもしれないが、まだ本当の家族になっていない新米の嫁は、苦手なことをうまくやろうと必死にムリしているところなのだ。

私たち世代の若い嫁の大半が料理は得意ではない。

かつては花嫁修業という言葉があったくらい、女性にとって家事のスキルはあって当然のように思われていたが、こんにちの女性の多くは、男性と同じ教育課程で学んでいるので、家事能力は優先されずに育っている。

料理は男女どちらにも必要なスキルで、女性だけが上手でなければならないとか、上手になりたいというものでもない。

もちろん料理好きの人なら、家族の食事をつくること自体は楽しいかもしれない。でも、嫁だからという理由で、ムリな役割を引き受けようと気負う必要はない。

私たちには料理の腕を磨く以外にも、自分自身として生きていくために負うべき大事な役割がたくさんある。そして、最初からあたりまえの役割分担などどこにもない。私たちが結婚したのは、足りない部分を補い合って一緒に成長していくためだ。

本音でぶつかるほうが家族に近づく

ところが「夫の実家に行ったら嫁が料理をするのは当然のことなのか」という疑問をいろんな人たちにぶつけてみると、男も女も同じようなことを言ってきた。

「年老いた姑一人にやらせて、かわいそうじゃないの？」

何度もそう言われたけれど、できるだけきっぱりと答えた。

「姑よりも若い自分が手伝いをするのは当然のこと。でも、姑が一人でがんばっているのをねぎらうべきなのは、私ではなく夫、つまり息子ではないか。私も手伝えるけれど、夫の実家のことを主体的に手伝うべきなのは、私ではなく、夫であるべきだと思う」

婚家の祭祀などの行事で、兄弟の嫁同士がぶつかるという話もよく耳にする。嫁たちが役割分担して「自分がやるべきこと」を見定めるのだが、分担に納得できずなんだかすっきりしない気分になるのだ。このとき、普通この場には姑を含めた女たちしかいない。

でも、なぜ誰もそのキッチンでの男性の役目については話さないのだろうか？　なぜ義姉妹や姑を憎まないといけないのか。

夫はもしかしたら「嫁を母親の前に連れてくること」で自分の役目は終えたと思っているのかもしれない。そこからは母親と妻の問題、嫁姑で勝手にどうぞと。

でも、なぜ嫁だけが働く姑を気の毒に思わなくてはいけないのだろう。息子やその兄弟も手伝わないのに、嫁が義母を手伝うのは当然だと考えるほうが、ずっとおかしなことだ。

もちろん普通に考えれば、親や親戚の前では礼儀正しくふるまい、自分から手伝うほうが気分的にはラクだ。自分だけ我慢して一日がんばれば、少なくとも傍目《はため》にはなごやかに見えるだろう。

でも、不合理な状況に耐えながらだんだんと苦しくなって夫の実家から足が遠ざかるのであれば、それは家族になる道とはいえないはずだ。

だったら嫁のつとめを遠ざけて、姑に気に入られる嫁になるのはあきらめてでも、自分の気持ちが納得できる方向に行くほうがいいのではないだろうか。

妻は「もう一人の母親」ではない

妻にもてなしてもらう姿を実家で見せたいという、男の気持ちがわからないのかという意見も耳にする。

男のかわいい虚勢にすぎないのに、実家で気を抜いてあれこれやってもらう姿を見せることの何がそんなにダメなのか、うまく調子を合わせることはできないのかと。

だけど、もてなしてもらう人がいるということは、もてなす人がいるということだ。

結婚前はそれが母親だったかもしれないが、妻は「もう一人の母親」ではない。

いまはまだこうした状況に妻が異論を唱えても、間違っていると見られることが多い。普段は堂々と自分の気分や感情を表に出す女性でも、夫の実家でだけは口を慎み、自分の価値観を隠さなくてはいけない。

しかし、夫の父母が本当に嫁を娘のように思うのなら、本当に私たちが家族なら、一人の人間の考えをそうやって抑え込むのはおかしな話だ。

もちろん、嫁が自分の感情や考えを表現したからといって、すぐに環境が変わるとは限らない。

新婚のころは、義父母と嫁はまだお互いに対して知っていることがほとんどないのだから、相手がどんな人なのか、どんなことが好きで嫌いなのか、時間をかけてゆっくりと知り合っていく過程が必要だ。

そのためには誰か一人に苦労させるのではなく、義父母、夫、妻、みんなで一緒に努力しなくてはいけないだろう。

どこの嫁も「嫁」という役割だけでなく、ほかの重要な役割もこなしながら生きている。そういうなかで、あえて「いい嫁」になるために自分の一部を失わなくてもいい。

家族という最も近い関係のなかで、私たちは正直に考えを伝え合い、もう少し自由になるべきだ。

「名誉もないリーダー」になりたい人はいない

――夫の家のイベントを仕切るのは誰？

毎年5月8日の「父母の日」が近づくと、自分の親よりまず先に思い浮かべるのは夫の両親のことだ。自分の親はいつでも気軽に連絡できるし、もしその日に何もしてあげられなくても、娘は忙しいからと理解してくれる。

それに比べると義父母はまだ出会って間もない気を使う相手だ。自分の親と違って、礼儀をわきまえなければ失礼に当たる。ミスしたときは、理解してもらうにも何かと複雑にならざるをえない。

そんなわけで、新米の嫁にとって父母の日は、「自分を産み育ててくれた親に感謝を伝える日」というより、「結婚という制度的な約束で結ばれた（まだ）あまり慣れない親に礼儀を尽くす日」といったものになる。

ところがいざその日になると、義父母の携帯にメッセージを送ろうとしても、何を言えばいいのかわからない。夫を愛情を持って育ててくださってありがとうございます……？　それもおこがましいから挨拶程度で済ませてしまっている。

でも、なんとなく気にかかって、父母の日を忘れていそうな夫にそれとなく言ってみた。

「この前、お義母《かあ》さんがリュックがほしいって言ってたじゃない？　父母の日だから買ってあげたら？　それかお金を少し送るとか」

私なりに、夫が孝行するよう気を使ってあげたつもりだが、夫はどうでもよさそうに聞き流していた。

夫はまめに家族の行事をやるよりも「気にするな」と言うタイプで、最初は多少気まずかった。お互いに自分の実家の面倒を見ることにしていたものの、夫がやらないのなら、私が気にかけないといけないと思っていたからだ。

私の実家のことは自分でやるとして、無神経な夫が実家をほったらかしていたら、その恨みは息子より私に返ってくるかもしれない。実際にそんなケースは多いのだ。だけど、恨めしそうにされてもそのまま受け入れよう、そう考えたら気持ちが少しラクになった。息子もしないことを「他人の娘」ががんばってやるのは不自然だ。

「夫の親のイベント」を仕切るべきは私なのか？

義母は毎年5月になると、私に「今月何日に祭祀があるでしょう」と、知っていて当然というように祭祀の日にちを教えてくれる。

忙しいだろうから来なくていいと言いながらも、決まって義父に「行けなくてすみません」と連絡を入れてほしがった。

一度「夫が言ってくれなかったので知りませんでした」と話したら、祭祀の日にちを読み上げてくれた。祭祀に行くか行かないかは夫が決めることだと伝えたけれど、男は気が回らないからね、と言われた。

でも、いちいち私が夫の家の祭祀を夫に教えたり（ねえ、今月何日は祭祀があるよ）、参加できないことを弁明したり（お義父《とう》さん、忙しくて行けずにすみません）したくない。

それが嫁の役目だと考える義母との世代間のギャップは、一言二言の会話では埋められない。最終的にはメッセージで自分の考えを整理して伝えた。

「家族の行事や祭祀はそれぞれ本人がやり、配偶者は手伝う役だと思っています」

義母は結局、あなたたちが考えて決めてやっていくことだからと理解してくれた。

でも本当は、祭祀のときに嫁から何らかのジェスチャーを見せてほしいと思っているのが、私もわからないわけじゃない。義母は結婚したら面倒なこともしなくてはいけないと、私にだけ強要しているのではない。義母は実際にそういう人生を生きてきたから、そうすべきものだと思っているのだ。

それでも私は夫の実家の行事の日にちを覚えない。

自分の親の誕生日は、そのつど私が夫に伝える。私の実家の記念日や祭祀の日を覚えてくれなくても、寂しいとはちっとも思わない。

「新しい休日」に反対した本音

父母の日を祝日にしようという議論があったが、意外にも反対の声が多かった。

30代初めの私のまわりには自営業者や経営者より普通の会社員が多く、休日を歓迎してもよさそうなものだが、そうではなかった。

結婚した友人と会って話しても、考えただけでぞっとすると首を振る。

理由はいたって簡単だ。父母の日が休日になったら、嫁は「夫の実家に行かなければいけない」と思うからだ。

父母の日と、義父母の還暦や誕生日が重なって喜ぶのは、だいたい嫁のほうだ。年がら年中、婚家の行事の重荷を一人そっと、あるいはおおっぴらに背負っているからだ。

男性だって結婚したのに、なぜ妻ばかりが家の行事を気にしたり、料理のメニューを考えたりと負担が大きいのだろう。

女性は結婚した瞬間から、暗黙のうちに嫁の役目に向き合わされる。誰に言われなくても、それはやらなくてはいけないことだと考える。自分だけでなく夫、夫の両親、実の両親、周囲や世間の人たちみんながそれを当然だと思っているので、その枠からは簡単にはみだせない。

「私はやりません」。その言葉を口にしたとたん、世間から社会不適応者にされてしまう。

私の母も数十年間、婚家の大事な用事があるたびに、父の姉妹との連絡係を引き受けてきた。夫に姉妹がいなくても夫の兄弟に配偶者がいる場合は、女同士で話し合い、義父母へのプレゼントを決めて食事の会場を予約するということになる。

自分の親をお祝いするのに、その調整を妻に押しつける夫が多いのだ。また、押しつけるような夫でなくても、義母が嫁に電話をかけてくる。

私も結婚当初は、いつも義母から電話をもらっていた。だけど、私は自分の実家に行く日を夫に決めてほしいなどとお願いしたことはない。夫と親の予定を私が確認してから「この日は大丈夫？」と訊いて日にちを決めるだけだ。

その後、夫は家の行事のことで連絡するときは自分にしてくれと義母に話してくれた。そんなことにすら文句をつけるのかと言うなかれ。たいしたことじゃないのにと言う人が、自分でやるのなんて見たことがない。

イライラしても「静観」しよう

何人もの予定を調整して、集まる日時を決めるのは骨の折れることだ。

大学のときは、学科や、学生自治会の代表がそういう仕事をやってくれた。

でも結婚すると、嫁が家の集まりのまとめ役を引き受けることになる。面倒な作業だけど、そのリーダー役には名誉もない。

自分一人分の人生に責任を負って生きるだけでも十分しんどいのに……。

まとめ役になって人をリードして楽しませることが性に合っている人もいるだろうけど、人のあいだに立って調整することが大きなストレスになる人だって少なくないのだ。

夫たちは、会社ではチームを引っ張り、任された仕事に責任感を持って働いている。ところが家庭では、共働きであっても、両家のまとめ役をするのは実質的に妻の役割であることが多い。

お金を稼ぐことで自分の役目は済んでいると考える片働きの夫もいるだろう。

でも、生きていくためには、経済活動以外にもさまざまな分野の労働と努力が求められる。人生のバランスを取るためには、互いに配慮し合うことがどうしても必要になる。

もっとも、夫たちに実家の行事の調整役をお願いしたら、イライラが増える妻たちも多いかもしれない。義父母の誕生日が近づいても、夫たちはちっともあせらないだろうから。だから、性格的にもかえって自分がやるほうが気がラクだというなら、そうすればいい。単純に夫のほうが忙しいから妻が連絡係になるというなら、それもいい配慮だと思う。

ただ、夫に任せてストレスを感じたときは、それでも「静観すべし」と私はアドバイスしたい。当日、行事がスムーズにいかなくても、それは嫁のせいじゃない。

行事の準備というのは難しく、誰にとっても大変な仕事だ。でも自分の親のためであれば、他人任せにせずに自分で動くしかない。

もちろん夫が決めた日程で参加を求められたら、喜んで自分がすべきことをやる用意はできている。それは私が嫁だからではなく、夫が私の愛する配偶者だからだ。

いちばん結婚してはいけない相手？

――言うべき瞬間に「口を閉ざす」男

夫の実家と嫁の関係にスポットライトを当てたバラエティ番組が話題になったことがある。ある芸能人夫婦が第二子の出産を控えて産婦人科を訪ねる場面が放映されたのだが、妊婦の健康上の理由で医師が帝王切開を勧めるシーンでの夫の態度が、熱い論争の的になった。

医師が「一人目を帝王切開で出産したので、二人目も手術したほうがいい」と言うと、夫が難色を示して「どうしてもしないといけないのか」と訊き返した。渋る理由を医師が尋ねると、夫は「帝王切開が必要だという所見書を出してもらえるか」と逆に訊いた。夫の父親が自然分娩にこだわっていて、父親に帝王切開の許可を得るには医師の所見書が必要だからという理由だった。

いったいなぜ、彼女とまったく血のつながりのない義父が、出産の方法を決めるのだろう。それだけでもあきれるというのに、さらに彼女を怒らせたのは、義父ではなく、ぐずぐずしている夫の態度だ。

妻が「お義父さんを説得できないの？」と訊いても、「3時間だけ陣痛を我慢して、それでだめなら帝王切開ということにしないか」と言うのだ。

なぜ彼は自分の父親に対し、妻の当然の権利を代弁してやれないのだろう。女性の体に対する決定権が、女性自身でもなく、人生をともにする配偶者でもなく、はっきり言って自分の親ですらない、他人の親にあるというこの状況をどう理解したらいいのだろう。

親のおかげでこの世に生まれてきた私たちが、親に対して子どものつとめを果たすのは当然のことだ。だがそれは、自分に関するあらゆる決定権をいつまでも親に委ねるという意味ではない。

嫁を本当の娘のように思っているという夫の親はたくさんいるが、「本当の娘」に対して、出産の際、安全を優先しない選択をするだろうか。

親子関係を描いたあるCMでは、子どもの世話を優先し自分のことは後回しにする娘に対して、母親がこんなメモを渡す。「あなたの子が大切なように、私の子も大切なのよ」。本当の親心とはそういうものだと思う。

「自分のこと」と思ってほしい

義父母と嫁のあいだに生じた奇妙な立場の違いを解消するのにいちばん重要になるのは、言うまでもなく夫の役割だ。嫁は夫を仲介にしてその家を訪れる人間なのだから、夫は夫婦の立場を代弁する必要がある。

ところが多くの夫が、嫁姑問題が起こると「自分にはどうにもできないこと」とばかりに傍観者になる。それはもう夫婦の問題ではなく、嫁姑の問題、女性たちの問題、家の問題だと考えるのだ。

私の夫は名節のとき、「どうすれば妻にラクさせてやれるか」と悩んだようだ。そして、「家で食事するのはわずらわしいから、外食しようって誘おうか?」と提案してくれた。

でも、私はみんなで食事するために準備すること自体がイヤだと言っているわけではない。誰かが用意してくれたご飯をラクして食べたいと主張しているのでもない。

ただ、その食事を用意するのが女性や嫁だけでなかったらと思うのだ。祭祀をやったっていいし、名節のたびに親戚に会うのもかまわない。私が夫に望んでいるのは、祭祀をなくしたり、台所仕事をしなくてもいいように外食を提案したりすることじゃなく、そのすべてのことを自分の仕事だと思ってくれることなのだ。

多くの夫が、自分ではそんなつもりはないにしても、よくよく考えると、社会的な慣習も手伝って、妻をないがしろにしているのではないだろうか。

名節で夫の実家に帰ったとき、「（夫の）姉が来るまで待っていなさい」と滞在を延ばすよう義母に言われても、「姉が実家に帰ってくるのと同じで、僕たちも妻の実家に行かないといけないから」ときっぱりと言えないのは、知らず知らずのうちに自分の実家中心に考えているからではないだろうか。

「自分の母親を大切にすることだけが重要で、娘を待っている妻の母親の気持ちは頭の片隅にもない」ということにはなっていないだろうか。

必要な言葉を必要なときに言えずに、結婚前には感じることのなかった切実な孤立感を妻に感じさせてはいないだろうか。

夫の実家で起こることは「嫁姑間のいざこざ」ではなく、「息子自身か夫婦で解決すべき問題」だと考えるべきだ。

たとえば友だちを招待したときは、呼んだほうが責任を持っておいしいお店に連れて行ってあげるのが普通だ。友だち一人で勝手に遊ばせておいて、自分だけ母親のご飯を食べてゴロゴロしたりはしないはずだ。

自分の親がいる家に妻を迎えたなら、何か言わなくてはいけないときは、妻に言わせるのではなく、自分から進んで言うのが自然なことではないだろうか。

給料を「100パーセント」もらえただけで感謝すべき？

結婚という制度の不合理な点が議論の的になると、「これだから結婚はしない」とか「それがイヤなら結婚なんかしないほうがいいよね」と言う人がよくいる。

でも、結婚を選んだ女性たちも、二人で歩む人生に期待していただけで、女性だという理由だけで譲ったり犠牲になったりすることに同意したわけじゃない。

結婚で強いられる多くの義務がなくなり、変わらなければ、結婚という慣習を続けていくのは難しいだろう。望ましい結婚生活を守っていくには、さまざまな問題について配偶者と同意し合うことが欠かせない。

私は、結婚を成就させて維持するためには、まわりからのアドバイスやおせっかいをできるだけ排除して、二人が信じる道を歩いていくべきだと思っている。

だが、現在のところは、それなりの果断さがなくては、さまざまな慣習を拒むのは容易ではない。

実際に結婚を迷っている女性に、一つだけアドバイスをするとしたら、「言うべき瞬間に口を閉ざす男とは結婚しないほうがいい」ということだ。

結婚の困難は、主に二人にあるのではなく、慣習的な部分にある。

こちらの話よりも慣習を重視する人、こちらの意見より母親の意見を気にする人と結婚すれば、いまの不自由な結婚制度からは絶対に抜け出せない。

反対に、お互いに望ましいと思える結婚生活を新しくつくり、考えをすり合わせていこうという意志がある人となら、結婚後も十分に「自分自身」として生きていける。

私たち夫婦は、自分の親への電話は相手にお願いしないこと、祭祀には出席しない

こと、名節にはそれぞれ自分の家に行くこと、そう取り決めた。

結婚後、新しく決めていったたくさんの約束事に対して、夫はふと、このくらいなら十分だろうというふうにこう言った。

「ここまでやったら、かなり譲歩してるほうなんじゃゃない？」

彼の立場ではそう思ってもおかしくないだろう。「これなら、ずいぶんと夫婦平等だし、うちの実家だって悪くないだろう？」と。

でも、理解してくれる夫に感謝するいっぽうで、感謝しなくてはいけない自分の立場を顧みないわけにはいかなかった。

「会社から給料の70パーセントしかもらえていなかったのが、今月は100パーセント支払うと言われたら、それはありがたいっていうふうに思える？　あなたが譲歩してるんじゃなくて、もともと偏っていたのを直しただけだよ。これまでは私が譲歩していたおかげで、ただ男だって理由だけであなたは恩恵にあずかっていたわけでしょう？　それなのに公平な状況になったことに、私が感謝して、申し訳なく思わなくちゃいけないわけ？」

女は「便利な調整役」？

結婚という新しい章が開くとき、こちらが求める変化に対して夫がどう考えているかは重要な問題だ。嫁が一人の人間としてまともに扱われていないかのような状況で、「誰より発言権を行使すべき」なのは、まさに夫だからだ。

口を閉ざす傍観役ではダメなのだ。

もちろん、わざわざ争いたくはないかもしれない。意見の対立の瞬間は誰もがうろたえる。とくに好きな人たち、近しい人たち、仲たがいしたくない人たちと意見が異なるとき、自分の意見を主張すれば、みんなが少しずつ困惑する。

それでも、どうしても自分の意見を通さなくてはいけない状況だとしたら、たとえ気まずくても、自分の意見を言わなくてはならない。

難しいことを上司に主張するとき、友だちの頼みを断るとき、仕方なく口げんかになったとき、かわりに誰かが言ってくれたらどんなにいいだろう。言いにくいことを言うときも、関係が壊れないように、言い争うことなくソフトににこやかに調整できれば最高だ。

ひょっとして、まさにそんな役割を妻に押しつけてはいないだろうか。

問題は見えていなくても「存在」する

それぞれの家族と暮らしてきた人間同士が結婚して、一つの新しい家庭をつくったら、人生の中心もそこに移さなくてはいけない。

こんな話は、母親が聞いたら寂しがるかもしれない。でも、結婚後は親子それぞれの自立が求められる。

その分、配偶者を頼り、配慮する関係を築くべきだ。

夫や妻が、言葉が必要なタイミングで、自分の親にはっきりとものを言ってくれなければ、お互いにがっかりする。

とはいえ、言葉が必要な瞬間そのものを、妻ほど鋭く感知できない夫は多いだろう。

姑に「うちの息子、どうしてこんなに痩せちゃったのかしら（嫁がちゃんと世話していないのかしらね）」「結婚前は一度もやらせなかったのに、皿洗いまでやるようになったとは（嫁がやらせてるのかしら）」と言われたとき、夫が一言言ってくれれば助かるのに、何か言う必要があるということにすら気づいてくれなければ、妻は「この人とはまったく違う世界に住んでいるんだ」と悟って、孤立した思いを抱く。

私も、夫の実家でイヤなことを言われたとき、夫が何も行動してくれなかったので、なおさら腹が立った。

「聞き流せよ」「親もそんなつもりで言ったんじゃないよ」という言葉は私の心には何も響かなかった。

私が感じている気持ちを少しはわかってくれていると確認したかっただけなのに。

私が感じたことに対して、夫にはもう少しきちんと耳を傾けてほしかった。自分が「知らない」ことは、だからといって「存在しない」ということではないのだから。

自分が生きてきた世界こそが当然で、自分が経験していない世界については鈍感になってしまうのは理解できる。

でも、その違いをないものとしてしまって「そんなことをわざわざ」「それくらいわかってやれよ」と言うようであれば、手を取り合って生きていくのは難しい。

自分が知らない世界でも、そこを覗いてみること、面倒であってももう少しましな世の中になるように一緒に努力すること、それが私たちに必要な愛のかたちじゃないだろうか。

「理性の糸」が切れる音
――意味のわからない伝統と義父の言葉

結婚を前にいちばん心配していたことの一つが名節だった。

結婚すると名節のときは女性の役割だけが変わる。男性は相変わらず実家に行って簡単な儀式を行い、女性が準備してくれるごちそうを食べるが、女性は夫の家についていき、実務的な働きを任される。

私としては、当然のように続いてきたその伝統を受け入れられないのはもちろん、考えれば考えるほど疑問ばかりが深まった。どれだけ長いあいだ、不平等な伝統に問題提起すらせずに、女性たちは生きてきたのだろう。

結婚前、名節のときはお互いの家に行く順番は交互にしようという話をした〔一般的には名節の際、まずは夫の実家の訪問に十分な時間をかけてから、妻の実家には寄るか、そもそも行かないというケースが多い」。

そのときは夫も、そんなことを言いたくなる私の気持ちは十分にわかるといったふうに、快く同意してくれた。

ところがいざ結婚してみると、初めての名節だからまずは夫の実家、その次は名節の連休中に義母の誕生日があったのでまた夫の実家、というようなことが4、5回続いた。

名節のときに妻の実家に先に行くというのは、まだまだ異例のことだとわかっていたので、とりあえず辛抱強く待った。

ところが、名節の連休に海外旅行に行って帰国したときも、とうとう夫は私の実家に先に寄ろうとは言ってくれなかった。

ひょっとすると、夫は結婚して親孝行してあげたかったのに、その役目を果たせていないような自責の念を感じていたのかもしれない。あるいは変化を起こすために、わざわざエネルギーを使って親と争う必要性を感じなかったのだろうか。

「なんで言えないの？　二人の平等を主張するのは気が引けるの？」

積極的になってくれないので、夫の考える私たちの関係のあり方について疑問が芽生えた。でも、何度も話し合いを重ねるうちに、夫は平等を拒んでいるというより、親との対立を回避したがっているようだとわかった。

夫はわざわざ面倒な争いを始めたくなかったのだ。

これまでの名節の文化が続くことで不便をこうむるのは夫ではない。私が我慢すれば、私がそこまで気にしなければ、みんないつもどおりの平和な名節を過ごせるのにと、内心思っていたのだろうか。

もちろん夫も子どものころは自由のために反抗しただろう。

会社では当然の権利を主張しようと必死になるだろう。

でも、女性の犠牲が当然だと思われている現在の状況は、波風を立てて変化を起こそうとするほどには切実な問題とは感じられないのかもしれない。

義父からきた長文の返事

それでも、私は納得できない結婚の慣習を一生続けることはできない。

結局、昨年から、名節はそれぞれが自分の実家の面倒を見るということにして、実際どうするかは自分で決めることになった。

この問題を親に説明するのはそれぞれの仕事だ。私がすべての関係を抱え込んで、誰も傷つかないようにがんばることはない。夫が自分の親を説得して納得させようが、そのまま回避しようが、それは夫に任せることにした。

そうして結婚4年目の旧正月の連休がやってきた。別々に過ごすことにしたのに、夫は実家には帰らなかった。おそらく義母から、実家に来ないで二人で過ごしなさいと言われたのだろう。

実際、親にしてみれば結婚した二人が別行動をするのは好ましくないかもしれない。それでも、名節のたびに女が男の行く先についていくより、それぞれが自分の親と朝を迎えるほうがましだ。

名節が終わると夫婦相談や離婚率が高くなると言われる。いまの名節の文化に苦しめられている人が多いということだろう。夫婦関係をメインに考えると、むしろ別々に名節を過ごしたほうが、仲を壊さずに済むのではないか。それぞれ親孝行をして、気分よく再会すればいいのだから。

とはいえ、名節の当日には夫の両親に新年の挨拶のメッセージを送った。行けなくてすみませんとは書かなかった。義父からは長文の返事がきた。

「伝統、道徳、慣習、そういったものがこの世の中ではとても重要だ。そのときが来れば子孫ができ、名節を過ごしながら家族という枠をつくっていくのが一般的な人生だ。もちろん最近は変化が目まぐるしく、何が正解かはわからないが、伝統や慣習に従うのが無難な人生ではないかと私は思う」

でも、義父に訊きたかった。

その伝統と慣習が誰の犠牲の上につくられた、それらしく見える城なのか、そのてっぺんから見下ろして考えてみたことはあるのかと。

長い歳月、名節のたびに自分を育ててくれた親には会えず、夫の先祖のために朝早くからお供え物を準備してくれた義母がいなかったら、その伝統は続かなかったのではないのかと。

そして今度は息子と結婚したよその家の大切な娘にまで、男たちの安楽な伝統を支える役目を引き継がせるのは、いったい誰のためなのかと。

少なくとも私は、次の世代に平等でしあわせな結婚の文化を譲り渡すために努力するつもりだと返信した。

変化を平和に生むことは難しい

名節の翌日が義母の誕生日だったので、みんなで一緒に外食をした。

義父は名節に嫁が来てくれなかったことについてはそれ以上言わなかったが、それぞれが考える世界が違うことは明らかだった。

男が妻の誕生日にお祝いのためのわかめスープをつくってやるなんて考えたこともないと義父が言い、料理する夫に向かって舌打ちするくらいまではまだ笑い飛ばせた。ところが、夫がほしがっている高級外車の話の最後に、私に向かって「嫁さんがたっぷり稼がんとな」と言ったのを聞いて、あきれた思いを隠す余裕もなく、言葉が口をついて出た。

「夫に台所仕事をさせるなとおっしゃるのに、私にはたくさん稼いでこいと言うんですか？　お義父さん、私、仕事を辞めて、家事だけしていましょうか？」

口元はかろうじて笑っていたけれど、隣に座っていた夫には聞こえたと思う、私の理性の糸がぷつっと切れた音が。

義父は笑って矛盾を認めながらも、それでも自分の考えを曲げるつもりはないときっぱり言い、私は私で、義父が何と言おうと自分の道を行くと宣言した。

これからも名節のたびに義父からは伝統に対する望ましい姿勢についてお小言を言われるかもしれないが、まだそんな伝統に従わなければいけないのなら、私は直系の子孫である夫にそれをお任せするつもりでいる。

いちいち口答えするのは礼儀にかなっていないかもしれない。名節のときにちょっとだけ我慢すれば、わざわざきつい嫁だと言われることもない。でも私は、義父がいつかは私の言う不平等について少しは理解してくれたらいいなと思っている。

こうして正直にお互いの考えを表に出して、今後も何度もお互いを説得しようとすることが、むしろ世代間の距離を少しずつ縮めていくのではないかと期待している。誰もが平和でしあわせなまま、世の中が変わっていくのはどうしても難しいようだ。

自分もつらいしみんなも少しつらくさせてしまうけど、それでも私は自分を守るために、世間とぶつかるほうを選んで生きていこうと思う。

慣習を守らせる「最大の伏兵」

――親の愛情のかたち

結婚とは、親から自立して新しい家庭をつくることだと思っていたけど、同時にそれは、結婚という慣習が持続させている家父長制のなかにどっぷりつかることでもあった。

あらゆる慣習が、これまで女性が家庭で担ってきた役割をそのまま続けるよう、私に求めてきた。

「妻として家事だけをして生きる生き方」ではなく、社会に出て一人の人間として役目を果たせるように教え、育ててくれた、私の両親ですらそうだった。

「父母の日に向こうのご両親には連絡したの？」

「もちろん」

「夜にでもご挨拶に行くか、花でも贈ってあげなさいよ」

「なんでお母さんがそんなこと心配するの、息子が自分でやればいいんじゃない？」

記念日や夫の実家の行事があるたび、母はそれとなく私に確認し、私はイライラする気持ちをぐっと抑えて返事をする。

母は、私が気を利かせて義父母の誕生日を祝ってあげるようなタイプではないことをよく知っているので、嫁ぎ先に失礼がないか、とにかく心配なのだ。

私たち夫婦は両家の記念日は各自で祝うことにしたわけだが、母は夫の実家の行事を自分の仕事だと思っていない娘のことが不安なようだ。

結婚する前は、夫の実家とのいざこざがいちばん心配だったが、伏兵はもっと近いところにいた。

どうやら娘を持つ親は、いつかは嫁に出すと思いながら娘を育てて、娘が結婚したら、夫の実家優先のマインドになるらしい。

妻としてのつとめ、嫁としてのつとめを押しつけてくるのは、夫の実家より、むしろ自分の親のほうだった。

いちばん身近な人の意見

もちろん親の気持ちは十分理解している。自分の子がどこかで失礼なことをしていないか、きつい性格でどこかで陰口を言われていないか……。

母は息子と娘を一人ずつ育てているのに、娘の私にはいつも姑を手伝い、気遣うことを願った。

でも、私は嫁のつとめを忠実に果たすことで、夫の両親にかわいがられたいとは思わなかった。

さらに気にかかるのは、そんな役割を受け入れることで、夫と私の関係がアンバランスになることだった。

親の期待や、結婚が求める慣習的な役割に従えば、夫はつねに「やってもらう人」になり、私は反対に「やってあげる人」になってしまう。

私は最も近い存在である母親の考え方から変えようとした。

「お母さん、うちの夫婦はお互いに対等の関係で結婚したから、自分たちの親にも公平に接したいんだ。彼がうちに来て皿洗いをしないように、私も向こうの家に行って皿洗いはしたくない。それは彼がやればいいことだから」

するとと母は、結婚した息子がうちに来て台所で皿を洗うのなんて見たくないと言った。

「息子が皿を洗うのは見たくなくて、娘がよその家で皿洗いするのはいいわけ？」

あきれて笑うと、母も言葉を濁して笑った。

息子と娘を持つ親でも、両方を同じに考えるのは容易ではないのを見ると、韓国のアンバランスな結婚文化がどれだけ根深いものか考えさせられる。

父も同じだった。父は、うちに来た夫が食べ終わった食器を流しに片づけようとすると、手を振って制止して食器を取り上げた。

「運転して疲れてるだろうから、食べ終わったら早く家に帰って休みなさい」と、押し出すようにして私たちを見送った。

初めての名節のとき、夫の実家で「嫁をもらったら、向こうの実家には行かせないつもりだったんだがな」という義父の冗談をつくり笑いで聞き流したことを思い出した。

新しく迎えた家族に対する両家の雰囲気の差を、私はぼんやりと体感した。

「夫の人生に編入される」という考え方

私たちの世代では、結婚はあくまでも個々人の選択だ。

一人では生きられない二人が出会って結婚を完成させるというより、一人でも生きられる人間同士が出会って、よりしあわせに生きる方法を追い求める道だ。

ところが、親世代までは結婚は必須だっただけでなく、「女は男に恵まれないといけない」と考える傾向があった。

結婚したら女性の人生は夫の人生に編入されると考えれば、親は相手の男性を支えるというやり方で娘のしあわせを応援するようになる。

さらに妻と夫の性役割を固定し、その限界を決めてしまえば、しあわせになる方法は結局、家父長制にどれだけ適応し順応するかという問題になってしまう。

私に厳しく接し、思春期以降はぶつかってばかりだった父は、いまでは夫が家に遊びにきたら、居心地が悪くないか、夫の家で私が粗相をしていないかということばかり心配している。

私が一人で帰省して実家に泊まっていくと言うと、夫の食事を心配する。父はちゃんと自分で食事の支度もするし、母よりずっと几帳面に掃除するのに、そんなことを気にする。

夫の食事を用意しない私を不誠実な妻だと決めつける父の態度は、私と夫の対等な関係をゆがめてしまう。

結婚したてのころ、二人で実家に帰るたび「娘はちゃんとご飯を食べさせてやってるか」と挨拶代わりに夫に何度も尋ねていた言葉も、「名節には帰ってこなくていいから、向こうの実家に長くいなさい」という言葉もそうだ。

私の親も義父母と同等の親孝行をしてもらっていいはずなのに、父はそのあたりまえのことを遠慮した。

世の中には、むしろ「うちの娘の責任を取れるのか」と頼もしい婿の役目を要求するような父親もいるが、そんな態度がうらやましいとすら思った。

「大切に育てたうちの息子に、皿を洗わせるとは何ごとだ」と言わんばかりの義父の態度とはまるっきり逆だから、なおのことそう思った。

父にとっての「最終ミッション」

ただ皮肉なことに、私はそんな父の姿を見て、父の人生を少し理解するようにもなった。

私たちの結婚には二つの家族が関わっているけれど、その関係において父は弱者だと自認していた。娘を持つ親とはそういうものだと思って生きてきた父としては、婿をもてなすことによって娘への愛情を表現するしかなかったのだろう。

そして私に嫁としての役目をきちんと果たさせることが、子育ての最終ミッションだと考えているのかもしれない。

それでも、慣習的な要求を受け入れ、嫁の役割を忠実に果たすよう励ますことが、私を心配し、思ってくれる方法ではないということに、いつか父も気づいてくれるだろうか。

私は結婚しても、「実家は他人」とはならなかった。

夫にとって自分の実家が大切であるように、私には20年以上暮らしてきた実家と自分の親が大切だ。だから両親が当然のように考える役割ややり方をそのまま受け入れることはできない。

もちろん両親の経験と知恵は貴いけれど、そこからどう学んで生かすかは私たち世代の課題だ。

両親は私が未完成の妻、未完成の嫁だと、ときどき不安がるけれど、私は最後までその意味での完成はしないだろう。

私は「夫の実家に属する嫁」ではなく、「私の親の娘」として、私自身の価値観で生きることによって、自分らしく生きられると思うからだ。

親になるなら、こんな親になりたい

――子どもたちに何を伝えるべきか?

友人の子どもはそろそろ2歳になる。生まれたばかりのころは寝るか泣くだけの小さな生命体だったのに、もうちゃんと歩いておしゃべりもするし、保育園や公園ではお友だちと仲良くしてもいるようだ。

子どもが社会に出て集団生活を始めると育児がだんだん難しくなると、友人は心配そうに言う。

子どもの性格というのは持って生まれたものなのか、親の影響である程度つくられるものか、その割合はよくわからないけれど、子どもの本来の気質と親が望む性格をどうかけ合わせてしつけていけばいいのか、悩まずにはいられないようだ。

最近はそれでも子どもの気質を尊重する雰囲気になってはいるものの、私たちが子どものころは、内向的な性格を否定的に見る傾向が強かった。

おとなしい子も社交的な子も、積極的に行動して発表しないといい評価をしてもらえず、もたもたしたりぐずぐずしたりしている子は心配された。授業参観になると、母親たちは手を挙げて発表しなさい、前に出て発表しなさいと、子どもたちの背中を押した。

でもいまは、内向的な性質もその人が持つ気質の一つにすぎないとみんな知っている。人前に出るのが好きじゃない人に、どんなに舞台で注目を浴びる役を勧めても喜ばない。

かわりに内向的な人にはその人にふさわしい場所、気楽な役がほかにある。それは直さなくてはいけない性格ではなく、それがその人の気質だというだけのことだ。

洋画の字幕もなぜか女は敬語

同じように、子どものときには男らしさや女らしさをどこにいても教えられた。女の子はおてんばに飛びまわってはいけなかった。下着が見えたり、足を開いて座ったりすると先生に注意された。教科書では、女性の言葉は丁寧語で、男性の言葉は強そうな口調で書かれていたし、敬語がないはずの洋画の字幕を見ても、男の主人公は敬語を使わないのに、ヒロインは使っていた。

ディズニー映画で、子どもたちがステレオタイプの女性像を学んでしまうという見方がある。そのなかに出てくるお姫さまの多くは、決まってすらりとしたドレス姿で、救い出してくれる王子様を待っているからだ。

CMでは、おしゃれなエプロン姿の女性が登場して、母親のための洗濯機や炊飯器を紹介する。育児用品のポスターで子どもを抱いているのも母親だ。

判事や検事は男の絵、はたきを持っている人は女性の絵というカードを見ながら、子どもたちは言葉を学ぶ。

見慣れてしまって意識すらしないあいだに、女性を女らしく、男性を男らしく表現する数多くのコンテンツに、無防備なままさらされている。


子どもにとっては、生まれて初めて接する世界がそのまま世の中の基準になる。

子どものとき、男の子にいじめられるのを、大人たちに「好きだから意地悪するんだよ」と言われるのがすごくイヤだった。

そう言われても、いったいどうすればいいのか。いじめる人間が悪いのではなく、それをわかってあげないこちらが悪いとでもいうのだろうか。

もしかしたら大人になった女性の多くが、セクハラに対してはっきり拒絶の言葉を言えない理由は、子どものときから「ノー」をきちんと教わってこなかったからかもしれない。

大人たちにできること

男性だけが女性嫌悪をするのではない。

親世代は、息子、娘を性別を抜きにしてそのままの子どもとして見ることに慣れていない。男の子は泣いたらダメで、女の子はお行儀よくしなければならなかった。女性も、母親たちも女性嫌悪をしてきたということだ。

私たちの親はフェミニストではなかったし、私の世代で母親に自尊心を傷つけられた経験がある人はたくさんいる。おまえは鼻が低いから問題だとか、女はフラフラせずに早く家に帰ってこいとか、その顔は化粧でもしないとダメねといった言葉で。

嫁である私は夫の実家で気を利かせ、かわいがられるよう努力すべきだと思っているうちの母は、穏やかにふるまわない娘を見ながら内心、不安がっている。

30代の私はすでに親世代になりつつあることを実感する。

子どもたちに何を伝えるべきか？　内向的な子の性格を認めつつも、「困難に立ち向かえない臆病な子にならないか」と心配する親たちがいるが、それと同じで、私は子どもに女性らしさを強要しないようにしたいけれど、それがはたして生きていくうえで本当に役に立つのか気がかりだ。

子どもが友だちのあいだで浮いてしまったり、そのせいで人間関係でつらい目に遭ったりしないために、大人には何ができるだろうか？

その子が大きくなったとき、見た目のよさが競争力になる時代は終わっているだろうか？

友だちと一緒に考えてみたけれど、何一つ明快な答えは出てこない。

私たちが当然だと思って生きてきたことのうち、何が正しくて何が間違っているのか、どれくらいのスピードで、どれだけ変えていけばいいのか、明確な答えは出ていない。

いますぐには答えの出ない問題が多く、いいロールモデルがどういうものかもわからない。こうした私の主観的な文章や子どもの育て方に確信を与えてくれる客観的なデータも足りない。

それでも子どもたちは、親が生きている世界を見て学んでいく。

だから少なくとも、性別ではなく、その子が持つものをそのまま受け入れることから始まる教育が必要なことだけは覚えておきたい——家庭だけでなく教育機関でも、大きくなるにつれだんだんと広がっていく世界においても。

私たちがうまくやってきたことと、間違って続いてきたことの境界を見極める目、それを次の世代ではもっと多くの人に持ってほしいと思う。

エピローグ――他人のすべてを理解できるわけではないけれど

夫はフェミニズムに関心がない。

私がサッカーや車の種類に興味がないのと同じだ。

私が数多くの場面でフェミニズムを必要としてきたのは私の事情にすぎず、それらの問題は、夫が解決すべきものではなかった。

あの遠く離れた世界で起こっていることが二人の関係にまで影響を及ぼすはずがない。夫はなんとなくそう信じ込んでいるようだった。

でも、私の考えは少し違った。

結婚して、夫にこう言われてムカッとした。

「気にするなって」

「嫁がなかなか顔を見せてくれない」という義父母のいやみも、「今度の祭祀には帰っておいで」というメッセージも、「うちの息子は台所には入れずに育てた」という自慢めいた言葉も、夫にとっては気にしなければそれで済む話だった。タクシーの運転手に言われる「独り暮らし？」や、職場での「男は腹を割って話すけど、女は裏でコソコソ言うよね」といった発言も同じことだった。ただ聞き流せばいいのに、どうしていちいち大げさに受け止めてストレスをためるのかと、夫は不思議がった。

夫がそうやって寛大でいられるのは、生まれつき小さなことで一喜一憂しない、海のように広い心を持っているからではない。

大人が子どもの悩みや10代の小さな衝突を笑い飛ばせるのは、それがその時期に誰もが通る道で、学校という集団を抜け出せばなくなることだとわかっているからだ。だから当事者にとっては世界が崩れるような深刻な問題でも、大人たちはその世界の外の安全な場所から、理性的なアドバイスをするだけだ。

私にとっての問題も、夫にとってはこれと同じようなことだったのだろう。私が生きる世界で起こることを、自分の問題として認識し、解決する必要が夫にはなかった。男女がカップルになると、女性の側に責任と犠牲が求められることがほとんどで、私にはそれが不満だったが、そんな問題は夫にとっては地球の裏側の出来事のように、実感できない漠然とした不満にすぎなかった。

夫だけでなく、私を取り巻く社会の雰囲気もそうだ。「なんでそんなにいちいち気にするの？」と言う人たちにはわからない。私に向けられる言葉が、その瞬間だけ発火して消えていくものではなく、日常生活のあらゆることの根底にあり、どんな人間関係にも大なり小なり影響を与えているということが。

それでもまだ、夫が「女が気を使うのが当然」ではなく、「気にするな」と言ってくれることに感謝すべきなのかもしれない。

「相手の立場」に立って世界を見てみる

夫がフェミニズムに無関心でいられるのがうらやましかった。関心がないというのは、自分の人生にフェミニズムが必要ないということだからだ。女性に問題を提起されて自分なりには考えても、エネルギーを使って他人を説得してまで、日常を改善する必要性は感じない。

でも、私にはフェミニズムが必要だった。

自分がフェミニストなのかどうかは重要じゃない。

ただ私は、自分が女性、妻、嫁などにあてがわれる枠を超えて、自分自身として生きていくためには、世の中の女性の扱い方が変わらなくてはダメだと思った。

指に小さなとげが刺さっただけでも、そのことに気づいた瞬間、とげの存在が気になって、指を触ってばかりいるようになる。

以前はあたりまえのように思っていたことが、女性を抑圧していると気づいてからは、世の中が押しつけてくる限界を黙って受け入れることはできなくなった。

もちろん、子どものころから少しずつ体にしみ込むように植えつけられてきた固定観念や偏見から自由になるのは簡単なことではない。

まったく関係のない世界を生きている夫には、なおさら縁のないことだろう。

1＋1が2になるのと同じくらい当然のことを、いちいち説明しなくてはならず、一生懸命説明しても納得してもらえないことも多かった。

私が話を切り出せば、当然深く共感してわかってくれるだろうと思っていた夫が、守りの姿勢や否定的な反応を示すたび、戸惑い、落胆したりもした。

それでも、私が「女性」だという理由だけでぶちあたる壁について、少しずつでもいいから理解してほしかった。知らなかったことに、知らずに生きてきても問題がなかったことに、気づいてほしかった。

人と人が出会うということは、二つの世界が重なり合うことだという。

私たちは世の中のすべての人を理解することはできないけれど、少なくとも自分が愛する人がどんな世界を生きているのか、知ろうと努力することは大切だ。

私のことを特別で大げさだと感じる夫の立場を、私も理解しようとつとめた。

私とは相反《あいはん》する立場だとしても、夫の世の中の見方や韓国で男性として生きてきたことについて、その立場に立って考えてみようとした。

夫の考え方は彼の内面や家族、社会、世界がすべて入り混じった結果なのだ。愛するということは、非難するよりまず、相手の隠れた内面を理解することだ。

理解し合うための手段

この本を書き終えるにあたって、私に出会ってから変わったことがあるかと、夫にさりげなく訊いてみた。相変わらず私の言葉に首を傾げることもあるし、共感してくれることもある夫の答えはこうだった。

「君ほどフェミニズムを理解してはいないけど、フェミニズムを通して、君の基準や君の世の中の見方をちょっとは理解できるようになった」

私たちはお互いを個人として理解するだけでなく、女性、男性、嫁、婿、娘、息子などの役割においても、社会的な文脈で理解する必要がある。

太平洋のように広い視野で世界を理解することはできないだろうけど、自分の最も近くにいる恋人や配偶者の立場になってみることはできるはずだ。

経験していないからよくわからないにしても、愛する人の置かれた状況を想像して、共感しようとすることはできる。私たちは、自分が知らない隣人の苦しみ、大きくは過去の歴史の傷に何度も思いを馳せながら、さらにしあわせになる方法を探して発展してきたのだから。

相手が不自由だと感じていることに対して、一緒に疑問を抱いてあげるだけでも、間違いなくもっと自由で平等になれる。

お互いを居心地悪くしてきたとげを一つずつ抜いて、いたわり合いたい気持ちがあるのなら、愛し合っているのならば、フェミニズムは争いではなく、わかり合うための手段になると信じている。

訳者あとがき

本書の著者、パク・ウンジ氏は、27歳で結婚し、結婚6年目の夫と猫3匹、ラブラドールレトリバーと暮らすフリーライターだ。〈brunch〉という、審査に通った書き手だけが投稿できる韓国のブログサービスに「猫」と「女性の生き方」についてのコラムを執筆し、人気を集めている。これまで飼い猫のがん闘病記など、本書を含めて6冊の著書がある。

妻、嫁、女という与えられた枠に沿って生きることに違和感を覚える著者は、家事分担や日本でいう盆正月の帰省など、結婚生活に付きものの問題にぶつかるたび、夫や両家の親に自分の意思を伝え、新たなルールや生活をつくることで、そのくびきから解放されようとする。

なかでも、義父にはっきりと物申す著者の姿は印象的だ。だが「私を苦しめたのは（中略）私自身のなかから湧いてくる義務感だった」と告白しているように、つねにうしろめたさがつきまとうなかでの選択だ。それに対する両家の親のリアクションは、いまの一般的な親世代の姿を象徴している。

女性が出合う困難を描いて韓国でセンセーションを起こし、日本でも大きな話題となった『82年生まれ、キム・ジヨン』（チョ・ナムジュ著、斎藤真理子訳、筑摩書房）の主人公ジヨンは、社会から抑圧されつづけたことで精神的にバランスを崩してしまったが、本書の著者は、そんなジヨンのようにあるべき自分と乖離《かいり》してしまわないために、さらにはこれからの世代のために、口にしにくい思いを粘り強く言葉にしつづける。

日常で感じるそうした小さなモヤモヤと同時に、韓国のフェミニズムのムーブメントや関連事件についても本書では触れている。

韓国のフェミニズムは「フェミニズム再起動《リブート》」と呼ばれる２０１５年を起点に、女性優越主義のサイトのメガリア、ＷＯＭＡＤ《ウォマード》が開設され、過激化する男性嫌悪《ミサンドリー》の主張に激しいバックラッシュ（反発）を受けながら、急速に広まっていった。

２０１６年、女性が標的にされた江南《カンナム》駅殺人事件をきっかけに、多くの若い女性が「自分のこと」として声を上げはじめ、２０１８年には著名人のセクハラ告発のミートゥー運動が一気に拡大、本書にも出てくる「盗撮に反対するフェミニストの抗議集会」――不法盗撮などのデジタル性犯罪と不公正な捜査に抗議した、恵化駅《フェファ》周辺での女性たちの自発的な大規模デモ――も起こる。10〜30代の若い女性たちが連帯した、こうしたフェミニズムの大きなうねりは、堕胎罪の無効化など、実社会を変える大きな力になっている。

韓国の20代男性は、アンチフェミニズムの傾向が他の世代と比べても突出している一方で、女性嫌悪《ミソジニー》的表現に気をつけるなど、フェミニズムの価値観自体は受け入れているという。本書に出てくる著者の夫の反応や考え方は、現代のごく平均的な若い韓国男性の姿と言えるだろう。

日本でのフェミニズムの原点ともされる70年代のウーマン・リブ運動の先駆者、田中美津氏は、名著『いのちの女たちへ――とり乱しウーマン・リブ論』（パンドラ、初版は1972年。韓国でも2019年に出版）の中でこう語っている。

「おじいさんは山へ、おばあさんは川へ行かねばならない、という強制は、山へ川へ、い、い、い、い、い、い、い、い、行ってしまうおじいさん、おばあさんによって支えられ、しかもおじいさんとおばあさんは互いに相手を呪縛し合う。川へ洗濯に行くおばあさんは、己れの中の〈川へ洗濯に行ってしまう女〉を意識化できない。むろんおじいさんの方もそうだ」

本書はここで田中氏が指摘しているような、自分の中の意識化できていない部分、無意識のうちに囚われてしまっている数々の呪縛に気づかせてくれる。女性も男性も、いまの世界について、自分の人生について、多くの発見を得られるだろう。

フェミニズムというデリケートなテーマを慎重に編集してくださった、ダイヤモンド社の三浦岳さんと編集室カナールの片桐克博さんに深く感謝申し上げる。推薦文を寄せてくださった作家の西加奈子さんにも御礼申し上げたい。

フェミニズムはどうも苦手……と感じている人に、この本で取り上げられているような、日常で感じる小さな違和感を入口に、ちょっとだけフェミニズムに近づいてみてほしい。ただ自分らしく生きる自由を求めているだけの、若い女性の等身大のフェミニズムがきっと見えてくるはずだ。

2021年冬

吉原育子

［著者］
パク・ウンジ（Park, Eun-Ji）
自分で選んだ好きなことで平凡な日常を満たしたい著述家。大きな犬と3匹のネコと一緒に住んでいる。著書に『自分で決めます』『野良猫のほうが幸せだろうか』『なぜならネコだからさ』『ある日ネコが大好きになった』『あしながおじさん、本当のしあわせはいまを生きること』（いずれも未邦訳）などがある。

［訳者］
吉原育子（よしはら・いくこ）
新潟市生まれ。埼玉大学教育学部音楽専攻卒業。成均館大学などで韓国語を学ぶ。韓国文学翻訳院短期集中課程修了。主な訳書に、ファン・ヨンミ『チェリーシュリンプ　わたしは、わたし』、キム・ソンジン『お母さん取扱説明書』（ともに金の星社）、パク・ミンギュ『亡き王女のためのパヴァーヌ』（クオン）、ユ・インギョン『明日も出勤する娘へ』、ムン・ヒョンジン『サムスン式 仕事の流儀』（ともにサンマーク出版）、カン・ソジェ『私は男より預金通帳が好き』（草思社）などがある。

フェミニストってわけじゃないけど、どこか感じる違和感について
――言葉にならないモヤモヤを１つ１つ「全部」整理してみた

2021年４月13日　第１刷発行

著　者――パク・ウンジ
訳　者――吉原育子
発行所――ダイヤモンド社
〒150-8409　東京都渋谷区神宮前6-12-17
https://www.diamond.co.jp/
電話／03·5778·7233（編集）　03·5778·7240（販売）
ブックデザイン―小口翔平＋加瀬梓＋阿部早紀子（tobufune）
カバーイラスト―赤
本文イラスト―AM327
校正――――円水社
製作進行――ダイヤモンド・グラフィック社
印刷――――勇進印刷
製本――――ブックアート
編集協力――編集室カナール（片桐克博）
編集担当――三浦岳

ISBN 978-4-478-10966-3